FACULTÉ DE DROIT DE TOULOUSE

DE LA

CONDITION DU PRODIGUE

EN DROIT ROMAIN ET EN DROIT FRANÇAIS

THÈSE POUR LE DOCTORAT

PRÉSENTÉE PAR

M. Joseph De MALAFOSSE

AVOCAT

TOULOUSE

PAUL PRIVAT, IMPRIMEUR DE LA FACULTÉ DE DROIT

RUE TRIPIÈRE, 9

—

1879

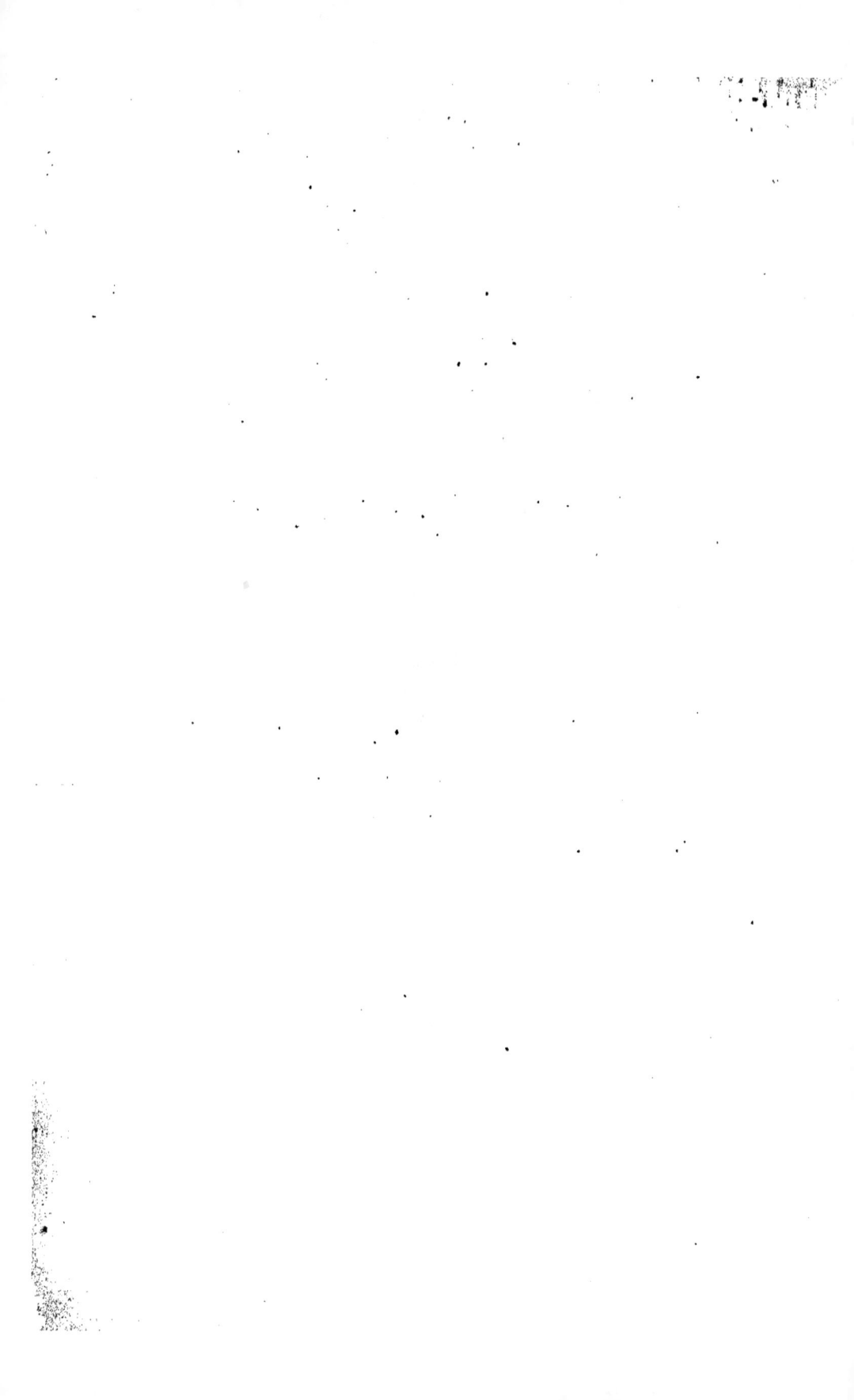

THÈSE

POUR

LE DOCTORAT

FACULTÉ DE DROIT DE TOULOUSE.

MM. DUFOUR ✻, Doyen, professeur de Droit Commercial.
MOLINIER ✻, professeur de Droit Criminel.
BRESSOLLES ✻, professeur de Code Civil.
NASSOL ✻, professeur de Droit Romain.
GINOULHIAC, professeur de Droit Français, étudié dans ses origines féodales et coutumières.
HUC, professeur de Code Civil.
POUBELLE, professeur de Code Civil, en congé.
ROZY, professeur de Droit Administratif.
BONFILS, professeur de Procédure civile.
ARNAULT, professeur d'Économie politique.
DELOUME, professeur de Droit Romain.
HUMBERT ✻, professeur honoraire.
LAURENS, agrégé, chargé du cours de Droit des gens.
PAGET, agrégé, chargé d'un cours de Droit Romain.
CAMPISTRON, agrégé, chargé d'un cours de Code Civil.
BRESSOLLES (Joseph), agrégé.
VIDAL, agrégé.
WALLON, délégué dans les fonctions d'agrégé.

M. MOUSSU, Secrétaire, Agent comptable.

Président de la Thèse : M. DELOUME.

Suffragants :
MM. MOLINIER, professeur.
BRESSOLLES, professeur.
LAURENS, agrégé.
PAGET, agrégé.
VIDAL, agrégé.

La Faculté n'entend approuver ni désapprouver les opinions particulières du candidat.

FACULTÉ DE DROIT DE TOULOUSE

DE LA

CONDITION DU PRODIGUE

EN DROIT ROMAIN ET EN DROIT FRANÇAIS

THÈSE POUR LE DOCTORAT

PRÉSENTÉE PAR

M. Joseph De MALAFOSSE

AVOCAT

TOULOUSE

PAUL PRIVAT, IMPRIMEUR DE LA FACULTÉ DE DROIT

RUE TRIPIÈRE, 9

1879

MEÌS ET AMICIS

APERÇU GÉNÉRAL

LES DROITS DE LA SOCIÉTÉ

VIS-A-VIS DU PRODIGUE

L'homme dont les dépenses excèdent d'une manière exorbitante les ressources, est dénué de raison ou coupable. Il n'est que privé de raison, lorsqu'il ne compromet que sa propre situation. Il devient coupable lorsqu'en dissipant ses biens il compromet l'avenir de sa famille.

Voilà le dilemme dans lequel la plupart des législateurs ont enfermé le prodigue, et la conclusion rigoureuse a toujours été que l'on devait lui retirer la libre disposition de ses biens. Un grand nombre d'anciennes lois sont empreintes d'un caractère de haine pour la prodigalité. En Égypte et en Grèce l'insolvable était privé de sépulture. Solon déclarait le prodigue indigne des emplois publics et le privait de tous ses droits. De même à Rome le prodigue était mis en curatelle et le préteur, en prononçant l'interdiction, qualifiait sa conduite de *nequitia*.

Plus douces, les lois modernes semblent ne traiter la prodigalité que de folie particulière, et se contentent de retirer au prodigue l'exercice d'une partie de ses droits. Cette mesure est-elle justifiable ? Est-elle légitime ? Est-elle utile ?

Telles sont les questions que M. Batbie a posées dans un mémoire qu'il présenta en 1865 à l'Académie des sciences morales et politiques sous ce titre : *Projet de modifications du Code Civil,* et qui parut dans la *Revue critique* (1866).

Il n'hésitait pas à conclure que la législation du Code Civil est vexatoire et abusive, et à réclamer la liberté complète pour le prodigue. M. Duvergier, dans la même revue, lui opposa un mémoire des plus remarquables, auquel succéda encore une réplique de M. Batbie.

Cette discussion, qui est l'âme même de notre sujet, nous semble trop importante pour être passée sous silence, et, bien qu'au fond elle soit plus philosophique que juridique, nous croyons devoir nous y appesantir avant de passer à l'étude des questions purement juridique.

Dès le début de son Mémoire, M. Batbie écarte, avec grand sens, le cas du faible d'esprit qui est prévu par l'article 499, le *meute captus,* du Droit romain, pour celui-là la loi doit nécessairement le prendre sous sa tutelle. Le vrai prodigue est l'homme qui, doué d'une raison ordinaire, d'une intelligence pleine et entière, manque dans la conduite de ses affaires du jugement dont il fait preuve en d'autres matières.

Peut-on sérieusement accuser cet homme-là, non de folie pleine et entière, car ce cas là est prévu à part, ainsi que celui d'imbécillité, mais de demi-

folie, de manie localisée? comme faisait le préteur romain, qui l'interdisait *exemplo furiosi.*

« Non, dit M. Batbie, des intelligences d'élite
ont été accusées de prodigalité à juste titre, et,
malgré ce travers, n'en ont pas moins laissé un
grand nom dans l'histoire : César, fut un prodigue
mais il arriva au pouvoir souverain, et les historiens disent qu'il se servit pour sa fortune politique,
des nombreux créanciers qu'il avait intéressé à son
triomphe. Auriez-vous trouvé bon qu'un préteur
d'un esprit borné lui eut dit, suivant la formule :
*Quamdo bona paterna avituque nequitia tua dis-
perdis... tibi interdico.* Si pareille mesure avait
été prise, la postérité rirait encore du magistrat
qui aurait cru faire acte de sagesse pour la famille
de cet audacieux prodigue. »

Les grands hommes ne sont pas rares qui ont
ainsi débuté; il en est même qui, tout en dirigeant
les affaires de leur pays, ont toujours négligé les
leurs.

N'est-ce pas le cas de dire avec Pascal que
« l'esprit de l'homme est toujours court par quelque
endroit » ; et avec Montesquieu : « comme il y a une
infinité de choses sages qui sont menées très folle-
ment, il y a aussi des folies qui sont menées d'une
manière très-sage. »

Un danger se présente aussitôt que l'on s'attache
à cette idée de folie : c'est de voir remettre au vulgaire l'appréciation des actes de grands hommes
incompris.

Les grands inventeurs, ceux qui ont fait faire un
pas à l'humanité, ont eu souvent dans leur vie de

ces heures critiques, durant lesquelles ils ont vu
tout le monde douter de leur raison autour d'eux.
Bernard Palissy nous a laissé un tableau saisissant
de ses angoisses, alors qu'au milieu des sarcasmes
de la foule et des reproches des siens il jetait dans
ses fourneaux jusqu'aux derniers débris de son mobilier. Et Lafontaine, dans sa célèbre fable de *Dé-
mocrite et les Abdéritains,* montre avec raison tout
un peuple doutant de la raison de celui qui sera sa
plus grande gloire. Voilà où est à redouter cette idée
de folie, car rien n'est plus difficile à déterminer que
cette limite ondoyante qui sépare la raison, et même
le génie, de la folie.

Il n'y a d'ailleurs pas plus de motifs de créer une
législation spéciale pour la prodigalité que pour
tout autre travers, tel que l'avarice.

Les auteurs du Code n'hésitaient pas à considérer
le prodigue comme un fou, et Tronchet fit la remarque fort juste qu'il était, dès lors, bien inutile de
lui consacrer un article à part : il n'y avait qu'à lui
appliquer les lois sur l'interdiction.

Mais on n'osa pas pousser les conséquences de la
doctrine à ce point-là.

L'opinion de la culpabilité du prodigue fut aussi
vivement appuyée dans cette discussion. On rappela
l'expression de *nequitia* du Droit romain. « Ce sera
un factieux, dit Tarrible, Catilina commença par la
prodigalité, il finit par la rébellion. »

La prodigalité non réprimée amènerait de nombreux citoyens à une indigence dont ils ne cherche-
raient à sortir qu'en troublant la société. D'ailleurs,
avant de faire courir un danger à la société, le dé-

bauché en fait courir à sa famille; la loi ne doit-elle pas s'intéresser à ces enfants qu'un père réduit à la misère par ses excès? Ne doit-elle pas remplacer ce misérable dans le rôle qu'il remplit si mal? Et même si l'on admet qu'au lieu d'un débauché vulgaire, il s'agisse d'un génie hasardeux, doit-on sacrifier les intérêts de toute une famille à des résultats hypothétiques? Au premier danger dont est censée menacée la société, M. Batbie oppose les noms de grands hommes tels que César et Pitt, qui prouvent aisément que la prodigalité ne produit pas seulement des Catilina. L'homme ruiné par ses dépenses pourra trouver dans le malheur le ressort nécessaire pour réparer ses fautes et devenir un bon citoyen. Quant au péril que court la famille, il est incontestable, mais le droit ne peut pas lui être sacrifié : « Le père a le droit de se ruiner; il a mille manières de le faire. » Les droits que voudrait alléguer le reste de la famille sur ses biens reposent sur une fausse idée de copropriété qui ne peut être admise. C'est renverser toutes les idées reçues que de permettre à la société cette ingérence dans les affaires du père de famille, ce droit de surveillance sur l'administration de sa fortune.

Le prodigue n'est donc pas privé de raison; s'il est coupable, sa culpabilité n'est pas du ressort des lois humaines. Dans quel intérêt peut-on donc lui retirer ses droits? Dans son propre intérêt pour le protéger contre lui-même. Mais la loi empiète là sur un terrain qui n'est pas le sien; elle n'est pas tenue à faire œuvre de charité : « La seule raison, dit Mill, que puisse avoir une communauté pour user de la force contre un des ses membres est de l'empêcher de nuire aux autres; elle n'a pas une raison suffisante dans le bien de cet individu, soit physique, soit moral. » Entrer dans cette voie se- rait ouvrir la porte à toutes les tyrannies. Qu'est-ce, d'ailleurs, que cette protection que prétend offrir la loi; n'est-elle pas pire que le mal. L'homme qui en frappé est désormais perdu, flétri à jamais. Pour tous, il est un interdit incapable de tout emploi, incapable s'il a compromis sa situation de la réta- blir. Et comme on lui laisse une partie de sa liberté, il en profitera pour se venger sur ceux qui lui ont imposé cette honte, et par son testament leur retirer ces biens qu'ils convoitaient. Le fait s'est présenté. S'il faut un remède, qu'on emploie la législation anglaise; là pas d'entraves, mais les obligations excessives sont déférées aux tribunaux. Et par là l'on évite cette appréciation générale de la conduite d'une personne, ce qui est toujours dangereux, pour n'apprécier seulement que la valeur de quelques contrats. *Optima lex quæ minimum judici.*

A cet habile plaidoyer, M. Duvergier oppose de vigoureux arguments. La sagesse de toute époque a flétri la prodigalité, et c'est être fort osé que de s'élever contre ce concert universel; apporter la législation anglaise comme argument n'est pas très- concluant, car l'on sait que ce n'est point un modèle à imiter en tous points. Remettre l'appréciation des contrats aux juges, n'est-ce pas entraîner des diffi- cultés plus interminables que celles qu'amène l'ap- préciation de l'ensemble d'une conduite?

Qu'on la qualifie de folie, comme certains aliénistes, qu'on n'y voie qu'un défaut plus ou moins grave, ou même qu'on la traite de calcul, la prodigalité paraît résulter de la faiblesse, de la passion ou d'un système. Dans ces trois cas, il y a lieu pour le législateur de prévoir les dangers qu'elle fera courir à la société. Est-ce le prodigue systématique? celui qui érige le luxe et la débauche en principe; il y a tout à craindre d'un homme pareil, ne serait-ce que l'exemple et l'encouragement donné aux vices; si parmi ces grands débauchés se trouve un homme de génie, comme ceux que l'on a cités, cette situation ne sera pas une entrave pour lui. Quant à ce grand homme inconnu qui se ruine pour ses découvertes, à l'homme charitable qui exagère les préceptes de la charité, les juges ne sont-ils pas là pour apprécier la justesse des demandes de la famille?

Maintenant, voici l'homme à passions ardentes incapable de les maîtriser; elles l'entraînent vers la dépense par une pente fatale; je veux bien qu'on ne le traite pas de fou, mais pour celui-là la loi ne peut-elle pas venir au secours de sa famille? C'était l'avis de la vieille loi romaine, l'avis de toutes les législations qui admettent la substitution dans ce cas; c'est un des motifs les plus invoqués en faveur de l'article 513 de notre Code. Non, la loi ne saurait assister indifférente à ce spectacle écœurant d'un père dévorant la fortune de ses enfants; il n'est pas de liberté si vaste qu'elle doive atteindre les limites de la licence. « Il n'est air, dit Montaigne, qui se hume si goulument, qui s'espande et pénètre comme fait licence. »

Reste la faiblesse; il n'est pas question de folie dans ce cas; mais pourrait-on refuser à la loi le droit d'être charitable? C'est une voie périlleuse et qui mène aux mesures les plus tyranniques; mais quel est le système auquel on ne puisse faire un pareil reproche? Les lois ne sont-elles pas toujours intervenues pour protéger certaines faiblesses? La loi française avance la majorité de quatre ans, et par là lance dans la vie des hommes que les Romains jugeaient inexpérimentés; ne peut-on pas reconnaître au moins, dans cette circonstance, une faiblesse d'intelligence à laquelle il faut subvenir? Mais cette protection sera dangereuse et marquera d'une flétrissure celui qui en sera atteint; il sera incapable de reconquérir sa place dans la société : l'opinion publique a déjà répondu, au moins chez nous, en ne flétrissant pas celui qui avait bravement travaillé pour mériter de nouveau l'estime des honnêtes gens. Le danger d'exaspérer celui que l'on entrave et de lui inspirer la haine des siens est réel; mais il arrivera rarement que le prodigue ne sente pas que cette mesure a eu lieu dans son intérêt; il n'y aura, d'ailleurs, que plus de mérite de la part des siens à le protéger contre lui-même au risque de compromettre leurs intérêts.

Les mesures prises contre le prodigue sont nécessaires : qu'offre-t-on à leur place, car il faut agir, le mal existe; faire des lois somptuaires? La prodigalité est un Protée qui tournera toutes les difficultés; édicter des lois pour défendre les contrats excessifs? Mais est-il besoin de contrats ruineux pour arriver à dévorer sa fortune? et quelles que

soient les limites de la loi ne pourra-t-on pas se
livrer à la prodigalité sans la dépasser?

Un seul moyen reste, et c'est celui des législateurs : rendre cet homme incapable. Depuis que les
lois ont créé ce système de répression, elles se sont
peu à peu adoucies; nous ne saurions mieux les
comparer qu'à celles qui régissent les prisonniers
de guerre. Rigoureuses dans l'origine, elles en sont
venues à ne plus le mettre que dans l'impuissance
de nuire jusqu'au jour de la paix. Doit-on aller plus
loin et supprimer toute réglementation? Non, tant
que le danger existera.

Un seul des motifs allégués par M. Duvergier
nous paraît ne pas tenir contre les arguments de
M. Batbie. La loi, semble-t-il, outre-passe ses droits
en protégeant contre lui-même le majeur qui n'a
pas de famille et ne nuit qu'à sa propre personne.
M. Bertauld (1) et M. Huc (2) partagent cette opi-
pion. C'est exagérer les pouvoirs du législateur que
de lui confier l'accomplissement des devoirs de charité, exagérer les périls de la société que de faire
du prodigue un ennemi redoutable. La liberté individuelle mérite d'être respectée, et la vieille règle :
Honesté vivere, ne saurait s'interpréter assez largement pour obliger un citoyen à gérer avec ordre
une fortune dont il ne doit compte à personne.

Mais lorsque ce débauché n'est plus seul en face
de la société, lorsqu'il est entouré d'une famille,
c'est un devoir pour lui de modérer ses dépenses :

(1) *La Liberté civile.*
(2) *Le Code italien.*

Alium non lœdere, et il n'est pas de respect de la liberté individuelle assez fort pour étouffer cette plainte des victimes du prodigue. C'est la rude sanction du préteur romain qui est encore l'expression de la conscience publique : *Quoniam bona paterna avitaque disperdis... liberosque tuos ad egestatem perducis... interdico.*

DROIT ROMAIN

De la Condition du prodigue en Droit romain.

I. Loi des Douze-Tables. Esprit de cette loi. — Qui
est prodigue sous la loi des Douze-Tables. — Texte
de la loi. De l'interdiction. — Des curateurs. — Capacité de l'interdit. — Fin de l'interdiction.

I

LOI DES DOUZE-TABLES

La loi des Douze-Tables, ce code qui semble plutôt
fait pour un peuple de commerçants avares que
pour une nation guerrière, prévoyait la prodigalité
et prononçait contre le coupable, le mot n'est pas
trop fort, la peine de l'interdiction : *Lege duodecim tabularum prodigo interdicitur bonorum
suorum administratio, quod moribus quidem ab
initio introductum est,* dit Ulpien (1).

(1) D., l. 4, pr., L. XXVII, t. 40: Inst., L. I, t. 23, § 3;
Ulp. *Reg.*, XII, § 2.

2

Ce texte précieux nous apprend que la loi n'avait fait que sanctionner un usage reçu. La vigoureuse constitution de la famille romaine devait nécessairement amener à l'interdiction du prodigue. — Le citoyen n'était pas un être isolé n'ayant de devoirs que vis-à-vis de l'État; autour de lui étaient ses agnats, ses *gentiles,* son clan en un mot. Chacun des membres de cette confédération de famille, que l'on retrouve dans toutes les sociétés primitives, était lié vis-à-vis des autres par un ensemble de droits et d'obligations réciproques. Mais ses devoirs ne s'arrêtaient pas là, vis-à-vis de ses ancêtres, vis-à-vis de ses descendants il en avait d'autres à remplir.

Les *Sacra familiæ* ou *privata* qu'il avait reçu des uns, il les devait transmettre aux autres, il les devait continuer sous peine d'infamie, et tout le monde connaît cette *emptio familiæ* fictive employée par des Romaines dégénérées pour se débarrasser de cette charge onéreuse(1).

Il en était de même de la fortune : transmise par les ancêtres, elle devait être transférée aux descendants, de là ces solennités du testament primitif, qui exigeait la présence et l'approbation de tout le peuple.

« Le fils de famille, dit Accarias(2), n'est pas à la tête d'un patrimoine, mais on le considère comme co-propriétaire du patrimoine paternel, et quand il succède à son père, il ne recueille pas un droit nou-

(1) G. C., I, § 115. *Cicer. pro Murœna,* 12.
(2) *Précis de Droit romain,* t. 1, p. 140.

veau ; il prend plutôt l'exercice d'un droit qui lui appartenait déjà. » C'est à ce titre que Térence, dans une de ses comédies, qualifie le fils de co-propriétaire de son père.

On comprend quelle perturbation venait apporter le prodigue dans cette puissante organisation, aussi n'était-ce pas comme privé de raison que l'on le frappait, la loi ne songeait pas à le protéger, mais à protéger les siens contre lui. Il ne s'agissait pas d'un insensé dont on voulait modérer les écarts en le défendant contre lui-même, il s'agissait de la famille qui périclitait entre les mains d'un misérable, que l'on sacrifiait impitoyablement au salut commun. Ce système avait amené de bizarres conséquences que nous étudierons plus bas.

La formule employée par le préteur est toute empreinte de ce caractère de rigueur contre le *paterfamilias* si indigne de ce nom et donne en quelques mots les raisons d'État (c'est, je crois, l'expression la plus juste pour rendre ma pensée), qui motivaient l'interdiction : *Quando bona paterna avitaque, nequitiâ tuâ disperdis, liberosque tuos ad egestatem perducis, ob eam rem, tibi eâ re, commercioque interdico.* »

Le curateur ne fait qu'anticiper sur ses droits et veille sur une fortune qui sera bientôt la sienne, toute l'institution est conçue en sa faveur.

Un des faits les plus probants est l'absence de disposition de la loi au sujet du *mente captus* : celui-ci plongé dans un état d'idiotisme perpétuel ne risque pas, comme le *furiosus*, de compromettre sa fortune dans des moments de lucidité, aussi son cas n'est-il pas prévu en même temps que les deux autres.

En résumé, toute la législation primitive romaine porte l'empreinte d'un souci perpétuel des intérêts de la famille, qui va parfois jusqu'à une négligence complète des individus.

II

QUI EST PRODIGUE SOUS LA LOI DES DOUZE-TABLES

Le prodigue est nécessairement majeur et *sui juris,* celui-là seul qui est maître de sa fortune peut être à même de la dissiper, les actes du fils de famille ou du pupille ressortent de l'autorité du père ou du tuteur. Paul nous le définit (1) : *Qui rebus suis superesse non potest.* Cicéron ampliflant, dit (2) : *Sunt qui epulis et viscerationibus et gladiatorum muneribus, ludorum, venationumque apparatu pecunias profundunt.* Le point où commence la prodigalité est remis à Rome, comme partout, à l'appréciation du public et surtout de la famille.

Mais voici qui est absolument spécial à la législation des Douze-Tables : « Le mot *prodigue,* dit M. Ortolan (3), signifiait dans la loi des Douze-Tables, non pas toute espèce de dissipateur mais seulement celui qui, ayant succédé à son père intestat, dissipait les biens paternels. »

C'est, en effet, la rigoureuse conséquence du sys-

(1) D., l. 2, L. XXVII, t. 40.
(2) *De Officiis,* L. 2.
(3) *Explication des Institutes,* t. 23.

tème que nous avons exposé. Celui-là est responsable vis-à-vis de l'État, qui frustre par ses dissi-
pations toute sa famille d'un bien sur lequel elle a des
droits acquis ; quant à l'homme isolé, sans famille,
qui ne tient pas son bien de ses ancêtres, qui n'est
tenu par aucun lien d'agnation ni de gentilité, son
bien n'est pas à d'autres qu'à lui, et il est libre de le
dissiper.

Voilà qui vient prouver une fois de plus que la
loi romaine n'est aucunement conçue dans l'intérêt
du prodigue , elle ne s'intéresse pas au malade qui
ne nuit qu'à lui-même, l'idée de charité est absente et
n'apparaîtra que plus tard. La loi n'est utilitaire que
dans un sens assez restreint, elle n'a pas encore en-
trevu les intérêts généraux au-delà des particuliers.

C'est Ulpien qui nous révèle dans ses *Règles* (1)
cette singularité si remarquable.

Mais la conséquence extrême que l'on en tirait est
encore bien plus digne d'être signalée. Le fils de
famille qui acquérait les biens paternels non à titre
d'héritier naturel, mais à titre d'héritier testamentaire, ne pouvait être interdit pour prodigalité.
Ses biens, en effet, n'avaient point le caractère de
bona paterna avitaque, c'étaient des acquêts, il
n'en était, dès-lors, plus responsable vis-à-vis de
sa famille et les pouvait dissiper à son gré. Cette
déduction, toute logique qu'elle soit, ne brille pas
par le sens pratique, et montre une fois de plus
combien le besoin du préteur se faisait sentir pour
amender cette loi qui devenait de plus en plus insuf-

(1) T. XII, § 3.

fisante, à mesure que s'étendait le territoire qu'elle avait à régir.

Il est vrai qu'un autre motif plus plausible peut être donné à cette mesure : le père étant l'homme le plus capable d'apprécier son fils, attestait en le prenant pour héritier que sa prodigalité, vraie ou prétendue, n'existait pas à ses yeux en lui rendant ce titre d'héritier qui le devait réhabiliter dans l'opinion publique.

Valère Maxime dit en parlant d'un prodigue interdit par le préteur : *Quem nimia patris indulgentia heredem reliquerat, publica severitas exheredavit.*

III

TEXTE DE LA LOI. DE L'INTERDICTION

Le texte même de la loi des Douze-Tables nous est parvenu, conservé par Cicéron, dans son traité *de Inventione* (II, 50) et dans la *Rhetorica ad Herennium* (I, 13). Le voici tel qu'il est donné dans ces deux ouvrages : *Si furiosus escit adgnatorum gentiliumque, in eo pecuniaque ejus potestas esto.* Il faisait partie de la table cinq. Dans les *Fragments de Festus* (v° Nec, Müller, p. 162), les mots *Ast ei custos nec escit* sont indiqués comme faisant partie de la même loi.

Malheureusement, comme on le voit, la partie relative au prodigue ne nous est point parvenue, bien qu'à n'en pas douter nous sachions, d'après tous les textes rapportés plus haut, que son cas était prévu par la même disposition. De là plusieurs essais de reconstitution du texte. Godefroy, qui le premier a émis l'opinion de l'unité, reconstitue ainsi la phrase : *Si furiosus aut prodigus escit, ast ei custos nec escit, etc.* (1). Cette reconstitution a été depuis fort critiquée et définitivement abandonnée. Ulpien affirme assez énergiquement que le prodigue sans agnats n'était pas interdit pour qu'il soit probable que le texte en parlait. M. Giraud a essayé de le rétablir en faisant observer que la phrase d'Ulpien (*Reg*, XII, § 2) devait beaucoup se rapprocher de la phrase officielle. La remarque principale à faire en l'absence de version authentique, est que les mots *ast ei custos nec escit,* retrouvés dans Festus, doivent s'attribuer spécialement au *furiosus;* ils paraissent vouloir dire : *à moins qu'il ne soit en tutelle,* et ne peuvent pas trouver leur application en ce qui touche au prodigue. Nous passons sous silence une discussion rapportée dans Doneau (2) pour savoir si la loi des Douze-Tables traitait du prodigue, elle était basée sur le rescrit d'Antonin, cité dans la loi 1 du titre *de Curatoribus,* Doneau la traitait déjà d'oiseuse.

Une question se pose dès l'abord sur le mot même d'interdit. Le prodigue était-il de plein droit en état d'interdiction, ou le préteur devait-il la prononcer?

Il y a matière à douter, car Ulpien dit formellement (3) : *Lex duodecim tabularum, furiosum, itemque prodigum, cui bonis interdictum est, in*

(1) *Gothofredi quatuor fontes juris.*
(2) Don., l. III, c. 18, § 7.
(3) *Reg.*, XII, § 2.

curatione jubet esse agnatorum. Nous avons encore des textes nombreux où le prodigue est qualifié de *Is cui lege bonis interdictum est* (1).

Il semblerait donc que la curatelle du prodigue fût déférée directement aux agnats *lege* tout comme la tutelle leur est déférée *lege* (2). Nous savons aussi que la loi des Douze-Tables traitait du prodige en même temps que du *furiosus*. Pour ce dernier, pas de doute. Il tombe de plein droit en curatelle à ses heures de démence (3), et en sort de même à ses intervalles lucides (4).

Le texte de la loi étant commun, il semble que les deux cas doivent être traités d'une manière analogue. Cujas, bien qu'il ne dise qu'un mot à ce sujet (5), paraît avoir professé cette opinion. Il admet qu'à l'époque primitive l'interdiction n'était pas prononcée, mais que la loi tombant en désuétude le préteur en vint à prononcer l'interdiction dans tous les cas. Doneau (6) soutient bien plus longuement la même opinion, et apporte à l'appui les arguments que nous avons donnés plus haut, bien que lui aussi convienne que la nécessité d'une interdiction solennelle dût s'imposer de bonne heure.

Il est facile de comprendre que la formalité, très-inutile pour le *furiosus* dont l'état extérieur trahit immédiatement le dérangement intellectuel, est, au contraire, indispensable pour le prodigue.

(1) D., l. 18, pr. L. XVIII, t. 4 ; l. 5, § 4, L. XXIX, t. 2.
(2) D., l. 4, pr. et l. 5, pr. L. XXVI, t. 6.
(3) Inst., L. II, t. 12, § 1.
(4) D., l. 4, pr. L. XXVII, t. 10.
(5) Cuj., ad leg. : *Is qui. de Verb. oblig.*
(6) Donellus ad leg. : *Is qui. de Verb. oblig.*

La prodigalité n'est, en effet, qu'une question dépendant de conditions diverses. C'est un rapport à établir entre les moyens d'une personne et ses dépenses. Tel train de vie qui dénote la prodigalité chez l'un sera, au contraire, fort naturel pour un autre.

On conçoit aisément dès lors le trouble qu'aurait jeté, dans les transactions, cette interdiction à huis clos, remise à l'appréciation de la famille. La sécurité des tiers traitant avec le prodigue était menacée grâce aux larges incapacités de celui-ci.

Aussi Voët (1), qui discute cette question avec une grande lucidité, adopte-t-il l'opinion généralement admise aujourd'hui, que de tout temps le préteur a procédé à l'interdiction du prodigue.

L'expression d'interdit est, en effet, employée dans tous les textes pour le *prodigus,* et ne l'est pas pour le *furiosus.* Ulpien, dans le même texte où il nous apprend la législation adoptée par les Douze-Tables, dit qu'elles n'avaient fait que sanctionner un usage déjà reçu, l'interdiction leur était antérieure. Ulpien (2) et Paul, dans ses *Sentences* (3), emploient toujours l'expression d'interdit par le préteur.

Un texte de Julien (4) vient apporter beaucoup de clarté dans la question : *Si quis, cum sciret venditorem pecuniam statim consumpturum, servos ab eo emisset : plerique responderunt, eum nihilomi-*

---

(1) Voët, L. XXVII, t. 10, § 6

(2) D., l. 10, pr. L. XXVIII, t. 10.

(3) Paul, *Sent*., III. IVᵉ, § 7.

(4) D., l. 8, L. XII, t. 4.

*nus bona fide emptorem esse; idque verius est :
quomodo enim mala fide emisse videtur quia do-
mino emit?*

Le cas est posé très-clairement, il s'agit bien
évidemment d'un prodigue. Si l'opinion de Doneau
était adoptée, la solution de Julien serait fausse.
Un *furiosus* serait dans le même cas que nous dé-
clarerions l'acheteur de mauvaise foi; la démence,
en effet, fait tomber immédiatement le furieux en
curatelle.

Ici, au contraire, la prodigalité est aussi cons-
tante que la folie dans l'autre cas, et pourtant le
contrat est bon! Pourquoi? parce que l'interdiction
n'a pas été prononcée et que dès lors le prodigue,
bien que son état soit évident, n'en a pas moins
conservé sa capacité.

La formule même de l'interdiction, telle que Paul
l'a conservée (1) : *Quando tibi bona paterna, avitaque, nequitiâ tuâ, disperdis, liberosque tuos ad
egestatem perducis, ob eam rem, tibi eâ re commercioque interdico,* est le meilleur argument en
notre faveur. Si le préteur s'était arrogé, après un
certain temps, le droit de prononcer l'interdiction,
nous en trouverions la trace dans les textes. Or, cette
formule ne peut évidemment s'appliquer à l'interdic
tion créée plus tard par le même préteur et qui ne
frappait précisément que ceux qui n'avaient pas de
famille. Nous avons donc là la formule primitive
employée dès l'origine, et qui dans sa forme sévère
porte l'empreinte de la rude époque dont elle date.

(1) Paul, *Sent.*, III, ıvª, § 7.

Dans les auteurs étrangers au Droit nous trouvons plus d'un exemple d'interdiction prononcée par le préteur. Citons en particulier Valère Maxime et Horace qui, sous une forme poétique, expriment parfaitement la pensée juridique.

> ..... *Huic omne adimat jus*
> *Prætor et ad sanos habeat tutela propinquas.*

Les paroles de l'interdiction prétorienne ont donné lieu à quelques difficultés de textes. Dans le texte de Paul, certains ont voulu lire *Maribus interdicitur* au lieu de *Moribus*. Les hommes seuls pouvaient être interdits à cause de la tutelle perpétuelle que subissaient les femmes. Et si Paul (1) parle de la curatelle des femmes c'est que de son temps leur tutelle était tombée en désuétude. Bien que la version *Maribus* soit plausible, l'expression *Moribus* semble plus probable puisque Ulpien dit : *Moribus tutor datur, etc.* (2)... et que dans le *principium* de la loi 1 *de Curatoribus*, il répète : *Quod moribus quidem ab initio introductum est,* et plus loin : *Si sanos mores receperit...*

Cujas (3) nous apprend que de son temps certains auteurs lisaient : *Ob eam rem tibi* ÆRE *commercioque interdico.* D'après eux, le terme ÆRE aurait indiqué l'interdiction des contrats *per æs et libram.* Il nous semble cependant que ce mode de contrat doit être compris comme les autres dans le terme

(1) Paul, *Sent.,* III, 11ª, § 6.
(2) Ulp., *Reg.,* XI, § 24.
(3) Cujas, *In Pauli, Sent.,* III, 5, § 9.

commercio. Huschke a aussi proposé la version *lare,* mais rien n'induit à penser que les *Sacra familiæ* fussent retirés au prodigue auquel on ne niait pas la raison, et que l'on mettait seulement dans l'impuissance de nuire à ses proches. La version *eâ re* nous paraît suffisamment justifiée comme corrélatif des mots *bona paterna avitaque* placés plus haut.

IV

DES CURATEURS

Adgnatorum gentiliumque in eo pecuniaque ejus potestas esto, dit la loi des Douze-Tables.

C'est d'après la maxime : *Ubi successsionis emolumentum, ibi tutelæ onus esse debet* que le prodigue est confié aux soins de ses plus proches héritiers. Ce membre de la *gens* qui compromettait la situation et la fortune commune, va être remis entre les mains de ceux à qui ses biens parviendront un jour. « Les Douze-Tables, dit Accarias (1), ne songeaient nullement à protéger le fou et le prodigue, elles n'avaient d'autre mobile que l'intérêt des agnats et des *gentiles,* héritiers présomptifs de ces personnes. »

Les agnats sont, nous apprennent les *Institutes* (2) : *Les personnes de l'un et l'autre sexe qui descendent d'un même auteur du sexe masculin, par des intermédiaires également mâles, et qui sont toutes*

(1) Acc., t. 1, p. 359.
(2) Inst., L. I, t. 15, § 1.

issues des justes noces, ainsi que tous les intermé-diaires. Cette dernière condition, bien que n'étant pas exprimée dans Gaïus et les *Institutes,* doit cependant être nécessairement ajoutée. Les justes noces permettent seules à l'enfant de suivre la condition de son père, ce qui est indispensable pour l'agnation. *Quia qui nascuntur, patris, non matris, familiam sequntur,* dit Gaïus (1).

A côté des agnats, qui constituent la famille romaine de la façon la plus caractéristique, la loi place les *gentiles.* Autant la définition des premiers est claire, autant les notions que nous avons au sujet des seconds sont-elles encore peu fixées. Nous ne pouvons, dans le cadre restreint de ce travail, faire entrer même une brève analyse de toutes les opinions et discussions soulevées à ce sujet. Nous nous bornons donc à exposer les deux systèmes qui semblent les plus probables et qui même, à notre avis, se complètent l'un l'autre.

Gentiles sunt, dit Cicéron (2), *qui inter se eodem nomine sunt, qui ab ingenuis oriundi sunt, quorum majorum nemo servitutem servivit, qui capite non sunt deminuti.* Quelques auteurs ont conclu de cette définition que les *gentiles* étaient les agnats éloignés de plus de dix degrés ; mais rien dans les textes ne justifie cette limitation des liens d'agnation.

Walter a pensé que la *gens* était synonyme de la *décurie,* que Denys d'Halycarnasse nous a appris

(1) Gaïus, *Inst.*, C., I, § 156, *in fine.*
(2) Cic., *Topiques*, 6.

être une fraction de la curie. Chaque curie en con-
tenant dix, ayant chacune ses *sacra* particuliers,
cela correspondait bien à l'idée que l'on peut se
faire de la *gens* d'après les textes. Hugo, Holtius et
Ortolan (1) ont émis l'avis que la *gens* devait se
composer, suivant la définition, d'une famille d'ingénus vis-à-vis desquels un ensemble d'affranchis
ou fils d'affranchis seraient liés par la *gentilitas.*
Les liens d'agnation unissent la *gens* ingénue dans
elle-même, et l'autre partie de la *gens* qui est composée d'affranchis et de leur descendants se relie à
la première par les liens de gentilité.

Mais ces attaches n'existeraient que dans un sens,
et la gentilité serait en quelque sorte passive pour
les familles de clients et d'affranchis. C'est-à-dire
que leurs liens ne consisteraient qu'en un ensemble
de devoirs vis-à-vis de la famille d'ingénus.

Cette interprétation explique plusieurs textes où
nous voyons des familles d'affranchis faire partie
d'une gens. Et en particulier celui de Tite-Live où
nous voyons le sénat accorder à l'affranchie Hispala
Fecennia le *gentis enuptio* (2).

Et il nous semble même que pour pouvoir saisir
tous les textes il faut adopter les deux systèmes à la
fois. Et admettre l'existence d'une *gens* synonyme
de *décurie* composée d'ingénus, fils d'ingénus, liés
par des devoirs réciproques comme ceux de tutelle
et curatelle, au-dessous de laquelle se trouverait la
gens composée de clients et d'affranchis participant

(1) *Explication des Inst.*, t. III, n° 1033.
(2) Tite-Live, XXXIX, 19.

aux mêmes *sacra* et tenus des mêmes devoirs mais sans réciprocité.

Parmi les agnats appelés à la curatelle, les fils sont naturellement les plus proches, cependant un sentiment assez naturel permet de douter qu'elle leur ait été confiée. Il serait curieux, en effet, que le fils *in manus* de son père, qui était en quelque sorte son esclave pût en venir à acquérir sur lui ce pouvoir que les textes qualifient de *potestas,* mot dont nous verrons bientôt la portée.

Les textes viennent à l'appui de notre doute (1). Ulpien (2) dit en effet expressément : *Curatio autem ejus cui bonis interdicitur, filio negabatur permittenda Sed extat D. Pii rescriptum, filio potius curationem permittendam in patre furioso.* Si au temps d'Antonin l'on hésitait encore à renverser ainsi la constitution ordinaire de la famille, il semble fort probable que les législateurs de l'époque primitive n'avaient pas dû y songer.

Ce texte élucide de plus une question à laquelle la formule prétorienne avait fait songer. Le préteur employant les mots : *Liberosque tuos ad egestatem perducis,* on pouvait se demander si ceux-là seuls qui avaient des enfants étaient interdits.

Si la curatelle n'avait existé que dans l'intérêt des enfants, il n'eût pas été permis de douter et l'on n'eût pas attendu jusqu'à Antonin pour traiter de leur droit à la curatelle.

(1) D. l. 1, § 1, L. XXVII, t. 10.
(2) Celsus professait l'opinion contraire à celle d'Ulpien. V. l. 12, L. XXVI, t. 5.

Déjà sous cette loi le *Crimen suspecti* permettait d'éloigner le curateur soupçonné (1).

La nature de la curatelle confiée aux agnats et gentils nous est indiquée par l'expression même de la loi des Douze-Tables; elle nous dit en effet : *Eum in potestate adgnatorum esto.*

Ce mot de *potestas* est aussi employé pour désigner la tutelle que Paul, après Servius, définit(2) : *Vis ac potestas in capite libero, etc.*

Le même sens doit donc être adopté pour les deux cas.

Le curateur était investi de la même autorité que le tuteur; mais, dans l'un et l'autre cas, le mot de *potestas* ne doit pas être pris dans son sens le plus large, c'est-à-dire le sens de puissance paternelle. La situation du pupille ou de l'interdit n'est en rien assimilable à celle de l'esclave ou du fils de famille; c'est ce qu'exprime Gaïus quand il dit justement que ceux-là peuvent être en tutelle qui ne sont pas soumis à la *potestas* : ... *Ex his personnis quæ neque in potestate neque in mancipio sunt, quædam in tutelâ sunt, vel in curatione...*

V.

CAPACITÉ DE L'INTERDIT

Le prodigue est interdit, d'après la formule, des *bona paterna avitaque*. Cela ne veut pas dire le moins du monde qu'on lui en retirât la propriété. Il

(1) Inst. L. I, t. 26, pr.
(2) D., l. 4, pr. L. XXVI, t. 1.

restait maître de ses biens, les *Sacra familiæ*
étaient toujours sa propriété. L'usage seul lui en
était interdit.

Le préteur lui enlevait le *jus commercii*. Ce droit,
qui appartenait aux citoyens romains et aux *Latini
veteres* consistait à pouvoir commercer par les
modes solennels (1). C'était le *jus emendi et ven-
dendi invicem*. La mancipation, qui semble avoir
été alors le mode unique de contrats, lui était interdite. Par là même lui était enlevé le droit de tester
per æs et libram. La *factio testamenti* passive lui
était même interdite, puisque le *familiæ emptor*
devait figurer au contrat (2). A plus forte raison ne
pouvait-il figurer comme témoin, et cette interdiction
s'est perpétuée jusqu'à Justinien.

Pouvait-il tester *calatis comitiis* ou *in pro-
cinctu?* Aucun texte n'est là pour nous éclairer;
l'absence de formalités dans le second cas semble
le lui permettre.

Il faut pourtant remarquer que Paul traitait du
prodigue à propos des testaments.

VI

FIN DE L'INTERDICTION

La curatelle prend fin sous la loi des Douze-Tables
par la mort du prodigue ou du curateur ou par
la *capitis minutio* même *minima;* reposant entièrement sur les liens d'agnation, elle devait absolu-

(1) Ulp., *Reg.*, L. XIX, § 5.
(2) D., l. 16 et 18, L. XXVIII, t. 1; Ulp. *Reg.*, L. XX, §§ 7 et 13

ment disparaître avec eux. Il ne faudrait pas croire pourtant que la *capitis minutio minima* fût un biais facile pour le prodigue, qui lui permît d'échapper à sa situation en s'adrogeant. Gaïus nous apprend que l'adrogation devait être approuvée par le pontife et sanctionée par tout le peuple. Elle n'était donc autorisée que sur de justes motifs.

L'interdiction tombait de plein droit si le prodigue *sanos mores receperit* (1).

Nous croyons avec Voët (2) que le préteur devait prononcer la main-levée de l'interdiction. Après la solennelle déclaration d'incapacité qui avait eu lieu, il était dangereux pour les tiers et fort mauvais pour le prodigue de lui restituer sa capacité sans publicité. Le *furiosus* peut-être traité ainsi, car il est aisé de constater sa raison ; mais pour la prodigalité, qui n'est qu'une question d'appréciation, il est difficile d'admettre que l'on puisse récupérer ses droits sans prévenir les tiers.

(1) D., l. 1, pr. L. XXVII, t. 10.
(2) Voët, L. XXVII, t. 10, § 7.

DROIT CLASSIQUE

II. **Réformes des préteurs.** — Curatelle prétorienne. — Du curateur et de sa gestion. — Capacité du pro- digue. Fin de la curatelle.

I

RÉFORMES DES PRÉTEURS

Cependant, Rome grandissant tous les jours, la loi des Douze-Tables, bonne pour la petite cité italienne, devint de jour en jour insuffisante pour l'énorme population qui se pressait dans la capitale de l'*Orbis romanus.*

Chaque colonie nouvelle, chaque concession du *jus civitatis* à quelque cité ou même à quelque peuple, étendait l'empire du vieux Code barbare. Les patriciens ou les vieilles familles plébéiennes, pour lesquels il avait été édicté, étaient noyés au milieu d'un flot d'affranchis ou d'étrangers accourus de toutes parts, pour lesquels l'*agnatio* et la *gentilitas* n'existaient pas. Les vieux rites, les actions de la loi étaient tombés en désuétude depuis que le secrétaire d'Appius Cæcus les avait divulgués, et les cérémonies solennelles, conservées cependant par un admirable respect des usages primitifs, étaient passées à l'état de formalités surannées.

A un peuple renouvelé il fallait un Droit nouveau : ce fut le *Droit prétorien.*

Pour la tutelle, le préteur Atilius, par une loi dont la date n'est pas connue, mais qui est antérieure à l'an 557 de Rome (1), avait acquis le droit de pourvoir à l'insuffisance des lois précédentes (2).

Le besoin de réforme était encore plus urgent en ce qui concernait le prodigue.

Avec l'énorme accroissement de population, les mœurs de la République avaient changé : à l'antique sévérité avait succédé un luxe effréné. La loi Plætoria vint mettre un frein aux débordements de la jeunesse, et Plaute nous transmet l'écho fidèle des plaintes d'un jeune débauché de l'époque : *Lex me perdit quina vicenaria metuunt credere omnes* (3).

Mais à côté du jeune homme, dont la loi réprimait les excès, existait toute une catégorie de dissipateurs contre laquelle elle se trouvait impuissante. C'étaient les majeurs, *sui juris,* qui faisaient partie des classes si nombreuses de citoyens dépourvus d'agnation ou de gentilité, affranchis, *capite minuti,* étrangers récemment investis du droit de cité.

La maxime si vraie : *Interest reipublicæ ne quis re suâ male utatur,* imposait aux préteurs le devoir d'apporter un terme à cette situation grosse de dangers, et de modifier une législation surannée.

Mais les sages réformes qui furent alors édictées

---

(1) Tite-Live, XXXIX, 9.
(2) Ulp., *Reg.*, XI, § 18.
(3) Plaute, *Pseudolus.*

portent l'empreinte du profond changement qui s'était produit dans les mœurs depuis la loi des Douze-Tables.

Solent hodie prœtores et presides, dit Ulpien (1), *si talem hominem invenerint, qui neque tempus neque finem expensarum habet, sed bona sua dilacerando et dissipando profudit, curatorem ei dare exemplo furiosi...*

Nous sommes loin, on le voit, des formules primitives que le préteur fulminait contre le dissipateur : au lieu du coupable, nous avons devant nous une sorte d'aliéné. Il est vrai que l'interdiction primitive ne pouvait plus être usitée contre cette nouvelle classe de prodigues qui ne nuisaient à aucun autre qu'à eux-mêmes ; mais nous croyons cependant que, si l'antique réprobation avait pesé sur le prodigue, le préteur eût pu trouver de nouveaux termes pour reprocher ses excès à celui-là même qui ne nuisait qu'à la société.

Il ne l'assimile pas à l'autre prodigue : celui-là reste toujours sous le coup de l'ancienne interdiction, et les textes nous prouvent qu'elle est toujours prononcée contre lui. Membre des vieilles familles romaines, il doit toujours en subir la rude loi. Et il est vraiment curieux de voir la loi se faire plus sévère pour ceux-là qui, étant le plus haut placés, sont tenus à conserver intact l'héritage de leurs pères les fondateurs de la cité romaine.

C'est donc à cette époque que nous voyons les législateurs embrasser cette opinion, dont ils ne se

(1) D., l. 1, pr. L. XXVII, t 10.

sont pas départis depuis, que la prodigalité est une
variété de la folie.

Dès lors, la loi se fait clémente pour le prodigue;
elle adoucit ses rigueurs. La curatelle des mineurs
de vingt-cinq ans, créée vers le même temps, per-
mit des assimilations nombreuses entre ceux dont le
manque de capacité se poursuivait, après l'enfance,
jusqu'à un certain âge, et ceux qui le subissaient
toute leur vie.

Un rescrit d'Antonin rend parfaitement cet ensemble d'idées (1): *Non est novum quosdam, etsi
mentis suæ videbuntur ex sermonibus compotes
esse, tamen sic tractare bona ad se pertinentia,
ut, nisi subveniatur his, deducantur in egestatem; eligendus itaque erit qui eos consilio regat:
nam equum est, prospicere nos etiam eis, qui,
quod ad bona ipsorum pertinet, furiosum faciunt
exitum.*

Le ton de l'empereur est tout à fait paternel, et
son rescrit semble plutôt avoir trait au conseil judiciaire actuel qu'à l'antique curateur qui veillait avec
un soin jaloux sur la fortune de l'incapable, bien
plus que sur sa personne garrottée dans un réseau
d'incapacités.

II

CURATELLES DES PRODIGUES SOUS LE DROIT PRÉTORIEN

La réforme prétorienne établit donc une organisation de la curatelle des prodigues, parallèle à
l'organisation de la tutelle.

(1) D., l. 12, § 2, L. XXVI, t. 5.

1° *Curatelle légitime.* — Nous avons, en effet, la curatelle légitime des agnats et des patrons dont il a été question jusqu'ici et qui est conservée dans la nouvelle législation comme la tutelle légitime des agnats et des patrons (1).

2° *De la curatelle testamentaire.* — Nous remarquerons avec Cujas (2) que, bien que l'institution n'existât pas de nom, elle était en fait en pleine vigueur : (3) « *Si furioso, puberi, quamquam majori annorum viginti quinque curatorem pater testamento deder it, eum prætor dare debet secutus patris voluntatem..... Sed quid, si nec ad hoc consensurus esset prodigus? Per omnia judicium testatoris sequendum est : ne quem pater vero consilio prodigum credidit, eum magistratus, propter aliquod forte suum vitium, idoneum putaverit.*

Le préteur jouait donc ici un rôle passif, et contre sa propre appréciation même, était tenu à prononcer l'interdiction exigée par le père et à nommer le curateur par lui désigné, quand bien même le père n'eût pas fait interdire son fils de son vivant.

3° *Curatelle donnée par le préteur.* — C'est le préteur à Rome et le *præses provinciæ* (4) dans les provinces qui nomme le curateur que nous comparons au tuteur Atilien. Aucune loi n'est parvenue jusqu'à nous, confiant cet office au magistrat, mais il est aisé de voir, d'après les textes, comment les

(1) D., L. XXVII, t. 10.
(2) *Ad Cod.*, L. V, t. 57.
(3) D., l. 16, pr. et § 13, L. XXVII, t. 10.
(4) L. 1, pr. *H. T.*

préteurs ont amené cette réforme. Obligés de bonne heure à désigner un curateur pour le *furiosus*, même dépourvu d'agnats, à cause des soins qu'exigeait sa situation, ils ont été naturellement amenés à lui assimiler le prodigue, considéré comme une sorte d'aliéné.

Aussi, dans ce cas, ne prononce-t-il pas l'interdiction solennelle, la nomination du curateur suffit pour dénoncer aux tiers l'état d'incapacité. Il est à remarquer que, tandis que le tuteur Atilien était, à tout prendre, une exception, ce mode-ci de curatelle dut tendre à devenir la règle.

Elle ne s'appliquait évidemment qu'aux majeurs de vingt-cinq ans(1); l'antique majorité qui se constatait, comme nous l'apprend Gaïus, *habitu corporis,* a fait place à une nouvelle qui date de la vingt-cinquième année, et, jusqu'à cet âge-là, un curateur peut être nommé au mineur, même sans qu'on allègue contre lui sa prodigalité.

Le préteur nommait aussi parfois des curateurs auxiliaires aux personnes pourvues de curateurs légitimes, quand, pour quelque motif, il croyait bon de retirer à ceux-ci la gestion de affaires du prodigue.

Une innovation encore à signaler est la curatelle des femmes prodigues; délivrées de leur tutelle perpétuelle à cette époque, les femmes pouvaient, en effet, se livrer à la prodigalité (2).

(1) C., l. 1, L. V, t. 70.
(2) Paul, *Sent.*, III, ivᵃ, § 6.

III

DU CURATEUR ET DE SA GESTION

Toutes les règles que nous allons exposer, relativement à la nomination et aux fonctions des curateurs, sont à peu près communes à la tutelle et à la curatelle; nous abrégerons donc cette partie pour insister davantage sur la capacité du prodigue.

1° *Nomination*. — Le pouvoir de nommer le curateur appartient au magistrat : préteur à Rome, *præses* dans les provinces. Nous trouvons au titre *de Tutoribus et Curatoribus datis ab his qui jus dandi habent,* la liste des autorités auxquelles ce droit a été successivement transféré.

Bien que les textes ne parlent que des tutelles, l'assimilation du titre nous semble suffisante.

Claude (1) transporta aux consuls les pouvoirs du préteur urbain. Marc-Aurèle créa le *pretor tutelarius* qui dut, probablement aussi, pourvoir aux curatelles. Outre le *præses provinciæ*, le même empereur investit son *legatus* du même pouvoir (2). Plus tard, les magistrats municipaux obtinrent généralement le *jus dandi tutoris,* mais ils ne l'exerçaient que par ordre du *præses* (3).

Seuls les magistrats expressément désignés jouissent de ce droit (4), ils ne peuvent le déléguer (5),

(1) Suétone.
(2) L. 1, § 1, L. XXVI, t. 5.
(3) L. 3. *H. T.*
(4) L. 6, § 2, L. XXVI, t. 1.
(5) L. 8, pr. L. XXVI, t. 5.

il peut être exercé les jours fériés (1), et le magistrat ne saurait se désigner lui-même (2).

Hors le cas déjà cité du testament du père, qui
force le magistrat à accepter le curateur désigné,
une enquête est nécessaire pour sa nomination (3);
elle doit porter sur la moralité, l'intelligence et
la fortune. Dans le cas même où le testament de
la mère aurait désigné un curateur, l'enquête
est exigée pour que le préteur lui confère le pouvoir (4).

Il y a pour la curatelle comme pour la tutelle des
cas d'incapacité ou d'exclusion qui obligent le magistrat à ne pas désigner certains pour ces fonctions,
et des cas d'excuses qui permettent à la personne
désignée de décliner la fonction.

Sont incapables : 1° Les *pérégrins*, la curatelle
est en effet un *munus publicum* et ne peut être dé-
cernée qu'à une personne participant au *jus civile*.
Modestin dit (5) : *Nec provinciale munus videtur ;*
2° les *esclaves* pareillement; 3° les *impubères* et
4° les *sourds et muets*. Pour ces deux derniers cas,
nous savons, d'après Gaïus (6) et Ulpien (7), qu'en
cas de tutelle légitime ils en étaient cependant investis; aucun texte ne nous autorise à assimiler la
curatelle légitime à la tutelle légitime dans ces différentes espèces. Il est cependant fort probable

(1) L. 3, § 2, *H. T.*
(2) L. 4, *H. T.*
(3) L. 21, §§ 5 et 6, *H. T.*
(4) L. 2, § 1, L. XXVI, t. 3.
(5) L. 6, § 15, L. XXVII, t. 1.
(6) G. C. I., §§ 177, 179 et 180.
(7) Ulp., §§ 28, 21, 22.

qu'elles étaient régies par les mêmes dispositions;
5° les *femmes*. La curatelle de la femme prodigue,
de création récente, avait donné lieu à une incapacité à part qui n'est pas commune à la tutelle et à la
curatelle, c'est celle du mari et du père du mari
de l'interdite. Paul (1) fait résulter cette incapacité du sénatus-consulte qui interdisait le mariage
entre l'ancienne pupille et son ex-tuteur ou curateur.

L'excuse ne peut exister que si la personne qui la
présente est capable de gérer la cutarelle. Un incapable qui aurait accepté la gestion pourrait à tout
moment se prévaloir de son incapacité, et être attaqué pour ce motif (2).

Quelques personnes n'ont pas le droit de se prévaloir de ces excuses : l'affranchi ne peut refuser la
curatelle qui lui est déléguée par le patron ou la
patronne à moins qu'il n'ait obtenu la liberté en
vertu d'une obligation (3). De même celui qui a pro-
mis au père du prodigue ne peut refuser, s'il est désigné par le testament (4).

Les excuses doivent être présentées dans le délai
de cinquante jours à partir du moment où le curateur a reçu sa nomination. La loi des distances
s'applique pour les personnes éloignées de la résidence du magistrat (5).

Après le délai, le curateur est déchu, de même si

(1) L. 14, L. XXVII, t. 10; *Fr. Vat.*, § 201.
(2) L. 13, § 12, L. XXVII, t. 1.
(3) L. 24, *H. T.*
(4) L. 5, § 1, *H. T.*
(5) *Inst.* L. 1, t. 7, § 10.

avant l'expiration du délai il a fait quelque acte de gestion (1).

Aucun ordre n'est fixé pour présenter les excuses et celui qui en a fait valoir une peut, s'il échoue, se prévaloir des autres. Les *Fragmenta Vaticana* nous ont fait connaître une autre excuse, non comprises dans les *Institutes*, et qui ne permet d'en invoquer aucune autre postérieurement, c'est le *jus nominandi potioris* (2).

Nous ignorons si cette excuse existait aussi pour la curatelle.

L'excuse doit être portée devant le magistrat qui nomme le curateur; ce n'est pas une sorte d'appel, puisque la nomination est un acte de juridiction gracieuse (3). Mais la décision à son sujet est un véritable jugement ayant force de chose jugée et susceptible d'appel. Mais si l'excuse a été admise par fraude, la nullité existe de plein droit (4); dérogation remarquable aux lois habituelles.

Les excuses se subdivisent en : 1° *Perpétuelles* ou *temporaires*, suivant qu'elles dispensent pour toujours ou pour un temps d'exercer les fonctions.

2° *A suscipiendâ curâ* et *etiam a susceptâ curâ*: les unes dispensent d'entreprendre, les autres de continuer.

3° *Complètes* ou *partielles*, suivant qu'elles déchargent d'une partie ou de toute la gestion.

4° Certaines sont remises à l'appréciation du ma-

(1) *F. V.*, § 454.
(2) *F. V.*, §§ 157-159.
(3) L. 1, § 1, L. XLIX, t. 4.
(4) L. 33, L. XLII, t. 1.

gistrat, d'autres reposent sur un fait dont on doit seulement constater l'existence.

5° Enfin, elles sont conçues, soit dans l'intérêt du curateur, soit dans son intérêt et celui du pupille.

Nous ne pouvons entrer dans les détails de tous les cas exposés aux *Institutes* (1), ils seraient oiseux et d'un médiocre intérêt pour le sujet que nous nous sommes fixé.

Le cas le plus fréquent d'excuse, nous dit Justinien, est le nombre des enfants, fixé à trois à Rome, quatre en Italie, cinq en province. Cette disposition doit dater des lois Julia et Pappia Poppœa. Il est à remarquer que ce n'est qu'à partir de Néron que les enfants adoptifs ne comptent plus dans le calcul (2); et que les enfants tués à la guerre comptaient toujours, même, dit Ulpien, ceux morts *tempore belli* (3). Un fragment des *Textes du Vatican* (4) dit que les enfants nés *ex concubinatu* devaient même être comptés. Cette excuse n'est pas valable *susceptâ curâ* (5).

Les administrateurs du fisc sont, depuis Marc-Aurèle, excusés pour la durée de leur charge. Il en est de même pour les autres fonctionnaires que leur charge oblige à s'éloigner. De même encore, toute personne qui reçoit une fonction, *potestatem aliquam*, peut s'excuser *a susceptâ*.

Celui qui plaide contre le prodigue *de hereditate*,

(1) *Inst.* L. I, tit. XXV.
(2) Tacite, *Ann.*, XV, 12.
(3) *F. V.*, § 199.
(4) *F. V.*, § 194.
(5) L. 2, § 8, L. XXVII, t. 1.

de omnibus bonis aut plurima parte eorum. C'est
même peut-être une incapacité. — Celui qui a géré
la tutelle de la même personne. Celui qui gère trois
autres tutelles ou curatelles *non adfectatæ,* à
moins qu'il ne s'agisse de biens de peu de valeur.
Pour cause de pauvreté ou de mauvaise santé,
remis à l'appréciation du magistrat.

Une inimitié capitale est encore un cas d'excuse.
L'âge trop avancé. La minorité de vingt-cinq ans
est un autre cas; mais lorsqu'il s'agit de curatelle
légitime et que le plus proche agnat est un mineur,
le cas est discuté, il est probable que le magistrat
nommait un curateur provisoire jusqu'à la majorité
de l'agnat.

Les militaires en service sont incapables, en re-
traite ils peuvent s'excuser.

Enfin les grammairiens, rhéteurs et médecins.

La qualité de fils du prodigue n'est ni une excuse
ni une incapacité, bien que cela ait fait quelque
doute; mais un rescrit d'Antonin trancha la difficulté (1).

Quand le prodigue avait des biens trop éloignés,
à partir de cent mille, nous dit Marcien (2), et qui
n'étaient pas situés dans sa province, on pouvait se
faire dispenser de leur administration.

Que si une fausse excuse a été sanctionnée par le
magistrat, le curateur coupable n'est pas déchargé
de sa responsabilité.

La curatelle (3) pouvait être interrompue par le

(1) L. 1, § 1 et l. 2, L. XXVII, t. 10; l. 12, § 1, L. XXVI, t. 5.
(2) L. 21, § 2, L. XXVII, t. 1.
(3) L. XXVI, t. 10.

crimen suspecti, accusation de mauvaise gestion que nous avons déjà vue en vigueur dans la législation des Douze-Tables(1). Le *crimen* était porté à Rome devant le préteur, en province devant le président ou le lieutenant du proconsul *cui mandata jurisdictio.* Il peut être intenté contre tout curateur; nous savons que lorsqu'il est intenté contre le tuteur légitime on se contente de lui adjoindre un curateur; il doit en être ainsi pour le curateur légitime, tout en conservant son titre, il en devra céder les fonctions à un autre curateur.

L'accusation étant une *actio quasi publica,* tout le monde peut l'intenter (2) même une femme poussée *pietatis necessitudine.* Un rescrit des empereurs Sévère et Antonin permettait au mineur de vingt-cinq ans de poursuivre son curateur *consilio necessariorum* (3); nous ne pouvons lui assimiler le prodigue pour ce droit, devant le silence des textes et l'interdiction dont il était frappé. Le cotuteur est tenu à intenter cette action contre son collègue. Le magistrat peut le faire d'office (4).

Le motif allégué contre le curateur est que : *Non ex fide curam gesserit.* Le curateur ne peut offrir de plus fortes garanties, pour se faire maintenir, mais en revanche sa pauvreté ne peut être une cause de suspicion.

Le *crimen suspecti* enlève immédiatement à l'accusé l'exercice de ses fonctions. La mort du cura-

(1) *Inst.,* L. I, t. 26, pr.
(2) L. 1, §§ 6 et 7, *H. T.*
(3) *Inst.,* L. I, t. 26, § 4.
(4) L. 3, § 4, *H. T.*

teur, arrivée *pendente causâ,* arrête les poursuites ;
il en est de même de la cessation de la curatelle,
quelle que soit sa cause (1).

La condamnation encourue est ordinairement l'infamie.

2° *Fonctions du curateur.* — Le premier devoir
du curateur est de fournir caution, *satisdare.* Celui
qui est désigné par le magistrat en est dispensé à
cause de l'enquête dont il a été l'objet (2). Le même
magistrat est chargé d'apprécier la caution et, dans
le cas de refus, il doit procéder à la *pignoris capio,*
c'est-à-dire à la constitution d'un gage sur les biens
du curateur. Tout acte de gestion qui précède cette
formalité est nul, à moins qu'il ne soit profitable au
prodigue (3).

La fortune du prodigue doit être constatée par
un inventaire fait devant des *personæ publicæ.*
Cette obligation est dans l'intérêt même du curateur qui serait tenu, en son absence, à restituer ce
qu'il a reçu, et le montant des sommes serait remis,
soit à l'appréciation du juge, soit à celle du prodigue, à la cessation de l'interdiction (4). Cette
obligation existe pour toute hérédité reçue au cours
de la curatelle. Antérieurement à cet acte, les actes
conservatoires seuls sont autorisés. A partir de ces
actes, le curateur entre en fonctions. Il doit vendre
les choses susceptibles de dépérir (5), tout en con-

(1) L. 11, *H. T.*
(2) G. C., I, § 200.
(3) L. 7, §§ 1 et 2, L. XXVII, t. 10.
(4) L. 7, pr. *H. T.*; l. 24, C., L. V, t. 37.
(5) L. 5, § 9, L. XXVI, t. 7.

servant celles qui sont nécessaires pour les besoins du prodigue. Constantin, renversant la proposition qui lui semblait exorbitante, interdit cette vente sans l'autorisation du magistrat (1).

Il recouvre les créances du pupille et répond de l'insolvabilité survenue à cause de la lenteur des poursuites (2).

Débiteur du pupille, il est censé se payer de ses propres mains. Cette créance acquiert donc un privilége; elle est exigible contre les cautions du curateur; si l'action était temporaire, elle devient perpétuelle comme toutes les actions contre le curateur. Cependant, comme la présomption n'est établie qu'en faveur du prodigue, elle ne doit pas être prise en considération si la première obligation est plus avantageuse.

Les sommes provenant de la vente des biens doivent être placées, à partir d'un certain chiffre fixé par le magistrat; non placées, le curateur en doit l'intérêt (3). Toutefois, un délai de six mois au début de la curatelle, et de deux à la fin, est accordé pour qu'il puisse trouver un placement.

Les dettes du prodigue doivent être payées, même celles envers le curateur lui-même (4).

Le curateur doit veiller à l'entretien des biens, à l'acceptation des successions, legs et donations.

Le magistrat fixe la somme à laquelle s'élève l'entretien de l'interdit. Si le curateur déclare faus-

(1) L. 22, C , L. V, t. 37.
(2) L. 15, L. XXVI. t. 7.
(3) L. 5, pr. et l. 7, §§ 3, 4, 7, 10, H. T.
(4) L. 9, § 5, H. T.

4

sement que les biens du prodigue ne suffisent pas à
son entretien, il est déféré au *prefectus urbis* pour
subir une condamnation (1). S'il ne se présente pas
à l'audience pour cette fixation; dans le cas de
fraude, il est assimilé au débiteur qui se cache, le
prodigue est envoyé en possession de ses biens (2);
dans le cas où il n'y a pas mauvaise volonté, un
curateur lui est adjoint.

Nous savons que les fonctions du tuteur sont par-
tagées en deux catégories : *Negotia gerere. Aucto-
ritatem interponere.*

La première fonction qui consiste à se substituer
à l'interdit, dans l'administration de ses biens, est
l'essence même de la curatelle. L'*auctoritas*, au
contraire, ne lui est pas dévolue; il ne peut *augere
personam* dans aucun cas. Celui dont il gère les
biens est un majeur qui jouit de sa *persona*; le préteur lui a retiré l'exercice de certains droits, et il
n'appartient pas au curateur de lui rendre sa capacité. Les actes dans lesquels la présence de l'intéressé est exigée, ce sera le prodigue qui les accom-
plira; le curateur n'aura qu'à apporter son *consensus.*
Mais nous verrons combien leur nombre est restreint,
puisque en aucun cas le prodigue ne peut s'appau-
vrir. C'est ce qu'exprime le brocard de Droit : *Tutor
personæ curator rei vel causæ datur.*

Dans toute l'administration, le curateur représente
absolument le pupille; mais il ne le représente pas
à la manière du fils ou de l'esclave, dont les actes
sont censés faits par le père ou le maître. Il se subs-

(1) L. 7, § 8, *H. T.*
(2) *Inst.* L. I, t. 26, § 9.

titue à la personne du prodigue; c'est en son propre
nom qu'il administre, qu'il agit. Il signe les quit-
tances, passe les baux, etc. Il exerce les actions du
prodigue (1). De la sorte, il se trouve que le prodigue, pour rentrer dans ses droits à la cessation,
devait exercer une action contre le tuteur, qui, à
son tour, exerçait les actions du prodigue qui
étaient passées sur sa tête.

Le progrès du Droit fit cesser cette position anor-
male, qui amenait des complications perpétuelles.
Dès la fin du deuxième siècle, à la cessation de la
curatelle, le prodigue exerçait les actions de son
ex-curateur à titre d'actions utiles (2). Le principe
de la non-représentation de l'interdit par le curateur, qui est la base de tout le système, se trouvait
ainsi fort entamé, au moins dans ses conséquences.

La limite à la gestion du curateur, dans tous ses
actes, est la défense qui lui est imposée de diminuer
la fortune du mineur. Tout acte donc qui entamerait
l'avoir de celui-ci lui est formellement interdit.

Les actes purement gratuits, tels que les affran-
chissements et donations, ne rentrent donc pas dans
ses pouvoirs; il ne peut, nous dit Marcellus (3), consacrer aux dieux un objet appartenant au prodigue,
alors même qu'il est son agnat. Pomponius (4) nous
fait voir jusqu'où allait la rigueur des principes. Le
curateur ne pouvait affranchir un esclave faisant

---

(1) L. 1, § 11, pr. et § 3, L. III, t. 1; l. 7, § 1; l. 10, § 1; l. 11,
L. XXVII, t. 10; l. 17, § 2, L. XII, t. 11; l. 56, § 4, L. XLVII,
t. 2, etc.
(2) LL. 2, 5, 7, 8, L. XXVII, t. 9; l. 1, C., L. V, t. 43.
(3) L. 12, LXXVII, t. 10.
(4) L. 13, L. XL, t. 1.

partie d'une hérédité transmise au prodigue, quand bien même l'affranchissement serait ordonné par fidéicommis. Le curateur devait *tradere* l'esclave à un tiers chargé de l'affranchir. Cependant, dans le cas où le prodigue doit tirer un grand avantage de cet affranchissement (par exemple, dans le cas où une hérédité serait acquise à cette condition), il peut avoir lieu ; mais il faut l'autorisation du magistrat (1). Ce cas est très-remarquable, car il nous signale l'intervention du magistrat dans la gestion des curatelles.

Nous trouvons dans Paul (2) des détails sur diverses donations permises ou interdites au tuteur, et par conséquent au curateur. Les présents d'usage dans la famille sont autorisés, de même les donations pour cause d'aliment faites aux plus proches ; mais les *munus nuptiale* sont interdits, interdit également de doter sa sœur utérine. Dans le cas d'affranchissement autorisé, le pécule ne doit pas être laissé à l'affranchi : ce serait une libéralité (3).

Certains actes peuvent être tantôt gratuits, tantôt utiles au prodigue ; le curateur peut donc les accomplir dans le second cas seulement :

1° La transaction (4), lorsqu'elle représente la seule ressource possible et qu'elle n'est pas une libéralité déguisée. Julien nous apprend (5) que le cura-

---

(1) L. 17, L. XXVII, t. 10.
(2) L. 12, § 3, L. XXVI, t. 7; l. 13, § 2, H. T.; l. 1, § 5, L. XXVII, t. 3.
(3) L. 24, L. XL, t. 2.
(4) L. 46, § 7, L. XXVI, t. 7.
(5) L. 56, § 4, L. XLVII, t. 2.

teur pouvait transiger même avec le voleur, *quia,*
dit-il, *adeo personam domini sustinet, ut etiam
tradendo rem furiosi alienare existimetur;*

2° La novation (1), pourvu qu'elle soit profitable;

3° La délation de serment, qui n'est admise qu'en
l'absence absolue de preuves, est autorisée par le
même texte (2) qui l'interdit formellement au prodigue.

Le désistement d'une poursuite, l'acquiescement à
un jugement, l'appel sont des actes obligatoires pour
le curateur, suivant la cause dont il est chargé et le
bien qui en peut résulter pour le prodigue (3).

La vente d'un immeuble est un acte qui, sans
nuire dans son essence même à la fortune, est trop
grave et périlleux pour être remis à la discrétion du
curateur. A l'inverse de la vente des meubles et
objets susceptibles de dépérissements, qui est obligatoire, celle-là avait donné lieu à une réglementation spéciale.

L'empereur Sévère avait fait rendre par le Sénat
un sénatus-consulte dont l'*oratio,* rapportée par
Ulpien (4), est trop importante pour ne pas être
reproduite en entier : *Præterea patres conscripti
interdicam tutoribus et curatoribus, ne prædia
rustica vel suburbana distrahant :*

1° *Nisi ut id fieret parentes testamento vel codi-
cillis caverint;*

2° *Quod si forte æs alienum tantum erit, ut ex*

(1) L. 20, § 1, L. XLVI, t. 2; l. 22, L. XXVI, t. 7.
(2) L. 35, pr. L. XII, t. 2.
(3) L. 11, C , L. V, t. 37.
(4) L. 1, § 2, L. XXVII, t. 9.

*rebus cæteris non possit exsolvi : tunc prætor
urbanus vir clarissimus adeatur, qui pro suâ
religione æstimet quæ possint alienari, obligari
ve debeant : manente pupillo actione, si postea
potuerit probari, obreptum esse prætori;*

3° *Si communis res erit et socius ad divisio-
nem provocet;*

4° *Aut si creditor, qui pignori agrum a parente
pupilli acceperit, jus exequetur, nil novandum
censeo.*

Comme l'on voit, les cas prévus par l'empereur
sont éminemment justes. Ou c'est le père lui-même
qui ordonne la vente et l'on s'en remet à sa sagesse,
ou ce père, ou pour mieux dire le précédent propriétaire a concédé sur l'immeuble un droit de gage
ou d'hypothèque, dont on ne peut frustrer le tiers.
Ou bien il s'agit d'un partage provoqué par un co-
propriétaire qui ne peut être tenu à demeurer dans
l'indivision.

Ou enfin, et c'est le cas le plus grave, les dettes
du pupille sont telles que l'on ne les puisse payer
avec les capitaux. Mais comme la plus grande pru-
dence est exigée dans ce cas, ce n'est pas au tuteur
ou curateur seul qu'appartient la décision, elle est
remise au prêteur. Et afin d'augmenter encore les
lumières de celui-ci, il doit prendre l'avis des proches de l'intéressé et de ceux qui lui portent affec-
tion (1). Alors il peut décider, s'il y a définitivement
lieu à cette aliénation, et si l'on ne peut créer des

(1) L. 5, §§ 9, 11, 14, *H. T.*

ressources d'une autre manière, voire même un emprunt (1).

Dans le cas où le prêteur aurait été frauduleuse-ment induit en erreur, l'aliénation est nulle et le pupille conserve sa propriété et le droit de reven-diquer (2).

Toute constitution de droits de gage, d'hypo-thèque de servitude, ainsi que la cession d'une ser-vitude active d'un droit d'emphythéote ou d'usufruit appartenant au pupille, avait été ajouté par les jurisconsultes aux cas précédents (3).

Nous venons de parler de pupilles à propos des cas précédents et l'expression employée par l'em-pereur est impropre lorsqu'il s'agit du prodigue; mais Ulpien nous est garant (4), que la mesure avait été étendue au prodigue (5) dont la situation tendait de plus en plus à être assimilée à celle du mineur et de l'impubère. Le même Ulpien nous montre le *Prœses provinciœ* investi dans son res-sort des droits des prêteurs en cette matière.

Ces divers actes écartés, tous ceux que les tuteurs peuvent faire pour la gestion des biens du pupille sont aussi licites pour le curateur.

Quant aux nombreux actes pour lesquels *l'aucto-ritas* du tuteur est nécessaire, ce pouvoir n'existant pas entre les mains du curateur, ils devront être accomplis par le prodigue lui-même. Le curateur

(1) L. 5, § 10, *H. T.*
(2) L. 3, §§ 14 et 15, *H. T.*
(3) L. 3, § 5; l. 8, § 2, *H. T.*
(4) L. 8, § 3 et l. 11, *H. T.*
(5) L. 2, C., L. V, t. 70.

n'apparaîtra que pour donner son *consensus*. Encore quelques auteurs en doutent-ils.

Ceux pour lesquels le tuteur ne peut autoriser, et
qu'il ne peut accomplir ne pourront être faits par
le curateur et il ne peut généralement pas y consentir car ils ont pour but, à peu près tous, de diminuer la fortune de l'interdit (1).

Quelle est la situation créée au prodigue par
cette gestion vis-à-vis des tiers et de son curateur
lui-même ?

Tous les actes faits régulièrement par le curateur
et avec bonne foi engagent le prodigue. Paul pose
absolument la règle (2). Même en prenant les conséquences au pire, c'est-à-dire dans le cas où le pupille aurait à en souffrir. Et il en donne la raison
fort juste : C'est l'intérêt même du prodigue. Rendre
tous les contrats annulables serait exciter une défiance
universelle et créer une situation impossible au curateur. Quant aux actes faits en fraude de ses droits le
prodigue n'en saurait souffrir, ils sont donc nuls (3).

Lorsque les actes ont été faits par le curateur seul
dans son administration il est tenu pour le tout, et
le prodigue n'est tenu que pour ce dont il s'est en-
richi. S'agit-il d'actes dans lesquels celui-ci ait paru
avec le *consensus,* il est responsable de ce dont il a
profité et le curateur du surplus.

Quelle est la responsabilité du curateur vis-à-vis

(1) LL. 12 et 17, L. XXVII, t. 10.
(2) L. 12, § 1, L. XXVI, t. 7.
(3) L. 22, *H. T.*; ll. 12 et 17, L. XXVII, t. 10; l. 3, L. XXVI,
t. 9; l. 13, § 7, L. XIX, t. 1; l. 1, L. XXVI, t. 9; l. 21, § 1,
L. XV, t. 1.

du prodigue à raison de sa gestion? Le silence des textes nous oblige à assimiler le curateur au tuteur, et nous tombons mal, car les textes sont pleins de contradiction pour ce dernier. Il est généralement reconnu que le tuteur est responsable de sa faute légère. Mais pour savoir s'il doit apporter les soins du père de famille le plus attentif, nous trouvons Ulpien en contradiction avec lui-même (1); mais deux autres textes provenant des œuvres de Callistrate et Modestin sont conçus dans le sens de la responsabilité la plus large (2). C'est la doctrine qui semble la plus suivie.

Quelques cas spéciaux se présentent dans l'espèce quand il se trouve deux ou plusieurs curateurs. Nous les distinguerons en deux classes : ceux qui gèrent et ceux qui ne gèrent pas. Nous avons vu, en effet, que lorsque le curateur légitime était suspect, le préteur lui retirait la gestion en lui laissant le titre. Plusieurs autres cas peuvent se présenter; il suffit d'en signaler un (3).

Dans ce cas, le curateur qui ne gère pas n'est responsable qu'à défaut du gérant, les biens de celui-ci doivent être discutés au préalable (4). Quoique dispensé de gestion, ce curateur, que l'on qualifie d'honoraire, a droit, comme intéressé, à demander des comptes au gérant, c'est même un devoir pour lui (5).

---

(1) L. 1, pr. L. XXVII, t. 3, et l. 10, L. XXVI, t. 7.
(2) L. 33, L. XXVI, t. 7 et *Collat. leg. mosaïc.*, t. 10, cap. 2, § 2.
(3) L. 3, pr. L. XXVI, t. 7; l. 3, § 55, *H. T.*
(4) L. 3, § 2, *H. T.*
(5) L. 3, § 2, *H. T.*

Quant à ceux qui gèrent, nous pouvons considérer deux cas : ou leur gestion est indivise, ou elle
est séparée.

Indivise, ils sont solidairement responsables, et
l'interdit peut poursuivre à son gré l'un d'entre eux.
Le cocurateur poursuivi peut exiger la division des
poursuites entre lui et ceux des autres qui sont sol-
vables; s'il ne demande pas la division, les actions
du prodigue lui reviennent à titre d'actions utiles,
mais seulement quand elles lui sont expressément
cédées (1). Certains cocurateurs peuvent encourir
cette responsabilité des poursuites sans avoir pris
part à la gestion, lorsque par exemple ils se sont
concertés pour confier à un seul la gestion (2); ou
encore lorsque entre plusieurs curateurs nommés
sur enquête, l'un d'eux dépose caution à la condition
de gérer seul. Dans les deux cas, le prodigue
étranger à ces arrangements peut poursuivre chaque
curateur, mais ils ont recours contre le gérant et
la caution donnée dans le second cas n'est engagée
que vis-à-vis des curateurs.

Si la gestion est partagée entre les curateurs,
comme lorsque le prodigue possédant des biens dans
une province éloignée, un curateur spécial est donné
à ces biens, chacun n'est tenu que pour les faits de
sa gestion.

Pour ce qui est du *consensus,* nous pensons
qu'à l'exemple de l'*auctoritas,* ceux-là seuls le
peuvent donner qui gèrent; les curateurs hono-

(1) L. 1, §§ 10 à 14, L. XXVII, t. 3.
(2) L. 55, § 2, *H. T.*

raires ne sauraient s'immiscer ainsi dans l'administration.

IV

CAPACITÉ DU PRODIGUE SOUMIS A LA CURATELLE

Nous savons que c'est par assimilation avec le
furiosus que le préteur en était venu à nommer
un curateur à tous les prodigues.

La capacité de ceux-ci devrait donc être la même
que celle de l'homme privé de raison.

Dans l'ancien Droit, la loi des Douze-Tables im-
posant les mêmes règles au *furiosus* et à l'interdit,
lui retirant le *jus commercii,* son incapacité
semble avoir été absolue; dans le nouveau, si l'assimilation avec le fou avait été aussi absolue, il faudrait tirer la même conclusion.

Mais une nouvelle classe de personnes en curatelles était créée : les mineurs de vingt-cinq ans, et
le progrès du Droit aidant, une à une les mesures
qui concernaient le mineur furent appliquées au
prodigue dont l'état se rapproche énormément de
celui du mineur, sans que l'assimilation soit complète.

Le prodigue, en effet, jouit toujours d'une partie
de sa raison, et sa capacité intellectuelle n'est jamais
absolument supprimée comme celle du *furiosus;* de
même qu'il est impossible d'admettre qu'elle lui
revienne par moments ainsi qu'à ce dernier.

Toutefois, dès l'abord, nous trouvons une pierre

d'achoppement, un texte qui a fort préoccupé les interprètes. C'est la loi 40, au titre *de Regulis juris :* *Furiosi*, y est-il dit, *vel ejus cui bonis interdictum est, nulla voluntas est.*

L'affirmation est absolue et semble interdire tout rapprochement avec un autre incapable que le furieux. De nombreux faits nous feront voir cependant qu'il n'en est rien et que les incapacités du prodigue ne sont point du tout aussi absolues.

Cujas semble n'avoir pas aperçu la difficulté et admet le texte sans contestation (1).

Godefroy le premier a présenté une explication fort heureuse reproduite depuis par tous les interprètes. Il a fait remarquer que ce texte, qui est de Pomponius, est emprunté à son livre XXXIV, qui a aussi fourni au *Digeste* les fragments :

25 *De servitutibus prædiorum rusticorum ;* 30 *de Acquirendo rerum dominium ;* 2 *de Fluminibus, etc.;* 3 *de Aquâ cottidiana, etc.;* 20 *de Aquâ et aquæ, etc.*, et enfin la loi 19 au même titre paraît avoir fait corps avec tous ces textes. En les étudiant, il est aisé de constater qu'ils appartiennent tous à un même traité qui paraît avoir eu pour sujet les *Prædia ;* il est aisé de rétablir la phrase à laquelle a été malheureusement empruntée la loi 40 *de Regulis juris :*

Labeo ait, si patiente vicino opus faciam, ex quo ei aqua pluvia noceat non teneri me actione aquæ pluviæ arcendæ.

Sed hoc ita si non per errorem aut imperitiam

(1) Cujas, ad leg. 18, *de Reg. juris.*

deceptus fuerit : nulla enim voluntas errantis est.
Furiosi vel ejus cui bonis interdictum est nulla
voluntas est.

La phrase est ainsi très-claire et très-juste. La
faute revient aux compilateurs qui ont coupé mala-
droitement ce membre de phrase et l'ont jeté parmi
les *Règles du Droit,* faisant un principe général de
ce qui n'était qu'une règle spéciale.

Cette difficulté écartée, nous pouvons passer à
l'étude des nombreux textes en antinomie avec cette
phrase et qui représentent la vraie jurisprudence.

Les actes solennels lui sont toujours interdits
comme dans la législation précédente. Les formules
consacrées, telles que le *Spondes-ne? Spondeo,* la
mancipation lui sont toujours refusées.

Ainsi ne peut-il encore tester ni même être témoin
dans un testament (1). Mais comme à partir de cette
époque la présence de l'héritier n'est plus requise,
il peut recevoir une hérédité testamentaire.

En dehors de ces actes, sa capacité est assimilée
à celle de l'impubère (2).

Il peut donc, comme celui-ci, accomplir tous les
actes qui rendent sa condition meilleure, mais il ne
peut la rendre pire.

Il ne faut pas entendre par là que le profit qu'il
en retire soit la mesure de sa capacité dans les
contrats. Ce n'est point le résultat du contrat qui
est envisagé par les juristes, mais bien son but
d'une manière générale.

(1) L. 18, pr. L. XXVIII, t. 1.
(2) Voët, L. XXVII, t. 10, §§ 6 et 7. Cujas, *passim.*

Tel contrat a-t-il pour caractère essentiel de procurer un enrichissement, il peut être accompli alors même que son résultat final serait nuisible au prodigue.

De là deux catégories d'actes très-bien définies par Gaïus (1), les uns autorisés, les autres interdits.

Il peut, dit Accarias (2) : 1° Acquérir la propriété, la possession ou un droit réel quelconque ; 2° acquérir un droit de créance ; 3° cesser d'être débiteur (3). A l'inverse, il ne peut : 1° Aliéner ; 2° s'obliger ; 3° cesser d'être créancier (4).

Tous les actes à titre gratuit lui sont donc interdits. L'acceptilation par laquelle il cesse d'être créancier ; la délation de serment, acte par lequel il court un grand risque et qui exige un jugement sûr (5). Mais son adversaire ne pouvait non plus le lui déférer, puisqu'il était dans l'incapacité de le référer contre lui.

Il est cependant tenu, comme de juste, par ses délits, car il a encore une capacité assez grande pour pouvoir apprécier la portée de ses actes.

Il est également tenu par ses quasi-délits, et l'*actio legis Aquiliæ* peut être intentée par celui auquel il a préjudicié.

Celui qui a géré pareillement ses affaires a contre lui l'*actio negotiorum gestorum,* car il serait injuste de le voir s'enrichir aux dépens des tiers.

(1) G. C , II, §§ 80, 84.
(2) Accarias, t. 1, § 156.
(3) L. 6, L. XLV, t. 1; l, 3, L. XLVI, t. 2.
(4) L. 10, L. XXVII, t. 10.
(5) L. 35, § 1, L. XII, t. 2.

Toute une catégorie d'actes, les contrats synallagmatiques entraînant une double obligation, portent par leur réciprocité le caractère d'enrichissement et d'appauvrissement en même temps. Quelle sera la capacité du prodigue dans ce cas?

Il obligera bien l'autre partie envers lui, mais ne pourra s'obliger lui-même. Dans une vente, il pourra répéter le paiement du prix par l'action *venditi*, et ne sera pas poursuivable par l'action *empti*. De même dans l'échange (1).

Il est toujours poursuivable cependant *in quantum locupletior factus est*.

Dans le cas où il a touché un paiement, la créance subsiste, et il peut le répéter, sauf à l'autre partie à lui opposer l'exception de dol, et à réclamer contre lui ce qu'il n'aura pas dissipé de la somme.

L'a-t-il entièrement dissipée, l'autre partie est entièrement dépouillée de tout recours (2).

Dans le cas de novation, le nouveau contrat n'existera que s'il est avantageux pour le prodigue (3). Mais s'il y a désavantage, la novation sera non avenue et le contrat primitif tiendra toujours. Nous ne pousserons pas les conséquences aussi loin que certains auteurs qui voulaient que les deux contrats subsistassent. Les deux obligations ne sauraient coïncider, l'essence même de la novation étant l'extinction d'une obligation pour la création d'une autre.

L'adition d'hérédité est encore un acte à double

(1) L. 13, § 29, L. XIX, t. 4.
(2) L. 5, § 4, L. XXVI, t. 6.
(3) L. 3, L. XLVI, t. 2.

effet, puisque s'il procure au prodigue un enrichissement, il l'appauvrit aussi de toutes les dettes de
l'hérédité. C'est un acte qui ne peut rentrer dans la
gestion du curateur; il doit être accompli par l'interdit lui-même; mais le texte d'Ulpien (1), qui lui
reconnaît ce droit, ne mentionne pas la nécessité
de l'intervention du curateur dans un acte de cette
gravité. Nombre d'auteurs ont pensé que c'est une
omission et que le *consensus* était requis.

Nous ne saurions admettre un pareil oubli, et
c'est un des arguments qui nous semblent les plus
probants pour la non existence du *consensus*.

Pouvant accepter une hérédité ou des fidéicommis, il doit probablement avoir eu le pouvoir de les
répudier.

Mais une fois acceptées, les obligations de l'hérédité ne se scindent pas en avantageuses et nuisibles
de façon à ce qu'il ne soit tenu que dans la limite
de ce qui lui est profitable. Une hérédité est un tout
qui ne peut être accepté qu'en masse et est indé-
composable.

Il est bien évident, et tous les auteurs concordent
sur ce point, que toutes ces incapacités et nullités
ne datent que du jour de l'interdiction (2).

Son testament antérieur demeure toujours valable.

Aucun effet rétroactif n'atteint les obligations
antérieures pour si excessives qu'elles soient. Et si

(1) L. 5, § 1, L. XXIX, t. 2.
(2) Voët, L. XXVII, t. 10, § 6. Cujas, *passim*.

quelque contrat est empreint de fraude, il devra
être attaqué par les voies ordinaires.

A défaut d'une obligation civile, le prodigue est-il
du moins tenu par une obligation naturelle?

Nous nous trouvons ici en présence d'une antinomie très-nette entre deux textes. D'un côté,
Ulpien nous dit (1) que si les tiers s'obligent vis-
à-vis du prodigue, celui-ci n'est jamais obligé vis-
à-vis d'eux, et que pas plus que pour le *furiosus*
un fidéjusseur ne peut garantir une obligation qui
n'existe pas. Et le même Ulpien, dans un autre
texte (2), dit péremptoirement le contraire : *Mar-*
cellus scribit, si quis pro pupillo sine tutoris
auctoritate obligato, prodigove, vel furioso fide-
jusserit : magis esse ut ei non subveniatur : quo-
niam his mandati non competit actio. Puisque le
fidéjusseur est obligé, il doit y avoir au moins une
obligation naturelle qu'il garantit.

Tous les commentateurs célèbres sont venus se
heurter à cette flagrante contradiction.

Cujas (3), qui soutient qu'il n'y a pas une obligation naturelle, a proposé une explication que repro-
duisent Doneau (4) et Pothier (5). Elle est basée sur
une loi de Gaïus : *Si a furioso stipulatus fueris,*
non posse te fidejussorem accipere certum est :
quia non solum ipsa stipulatio nulla intercessisset,
sed ne negotium quidem nullum gestum intelli-

(1) L. 6, L. XLV, t. 1.
(2) L. 25, LXLVI, t. 1.
(3) Cuj., *ad leg.*, *Is qui.*, L. XLV, t. 1.
(4) Donellus, *ibid.*
(5) Poth., XVI, L. 46, t. 1.

5

gitur. Quod si pro furioso jure obligato fidejus-
sorem accepero, tenetur fidejussor (1).

Le texte, d'après ces auteurs, se compose de deux
parties en rapport avec les deux autres textes, l'une
est conforme aux données de la loi 6, l'autre, au
contraire, nous sert à comprendre la loi 25; celle-ci,
en effet, prévoit le cas où un fidéjusseur a garanti
une obligation valable du prodigue, par exemple
une qui serait née de son délit ou quasi-délit. Marcellus décidait que dans ce cas le fidéjusseur ne
pouvait user de l'action *mandati* contre le prodigue.

Cette explication, quoique ingénieuse, oblige à
supposer que Marcellus a sous-entendu que le prodigue était valablement obligé. De plus, pourquoi
irait-il refuser seulement l'action *mandati* au fidéjusseur? celui-ci pourrait aussi bien avoir recours
à l'action *negotiorum gestorum*.

Vinnius a proposé une autre interprétation (2):
Le fidéjusseur, dans le cas de la loi 25, connaît
très-bien la situation de celui pour lequel il s'engage; il n'est pas à proprement parler un fidéjusseur, il se porte fort à la place du prodigue ou du
fou. Mais l'opinion de Vinnius tombe d'elle-même;
jamais un jurisconsulte n'eût employé l'expression de fidéjusseur, puisque l'obligation principale
n'existe pas.

M. Machelard (3) a cependant repris cette opinion, mais en lui faisant subir de fortes modifica-

(1) L. 70, § 4, L. XLVI, t. 1.
(2) Vinn., *de Fidej*., p.728.
(3) *Des obligations nat. en Droit romain.*

tions. De deux choses l'une, dit-il, ou le fidéjusseur
ne connaît pas l'incapacité de celui pour qui il
répond, et alors nous sommes dans le cas de la loi 6,
le contrat est nul. Ou bien il connaît l'état de celui
pour qui il répond, et alors il est obligé d'après la
loi 25. Et cela est si vrai qu'il répond bien pour le
prodigue qui, somme toute, jouit de sa raison, pour
le *furiosus,* qui peut traiter dans ses moments
lucides, mais non pour le *mente captus,* qui ne jouit
jamais de sa raison.

Ici encore il faut sous-entendre que dans la loi 6
le fidéjusseur ne soupçonne pas l'état de celui pour
qui il s'engage.

M. Demangeat a été mis par cette interprétation
sur la voie d'une nouvelle qui consiste à admettre
une erreur de la part de Tribonien.

D'après lui, le texte de Marcellus aurait été : *Si
quis pro pupillo sine tutoris auctoritate, prodigove vel furioso spoponderit aut fidepromiserit...*
et alors la décision aurait été conforme à ce que
nous savons du *sponsor* et du *fidepromissor.* « Le
sponsor et le *fidepromissor,* dit en effet Gaïus (1),
peuvent accéder à un contrat verbal, *quamvis inter-
dum ipse qui promiserit non fuerit obligatus.* »
Le texte signifierait donc : Si un *sponsor* ou un
fidepromissor garantit un prodigue, il doit plutôt
être exclu du bénéfice de la restitution prétorienne,
attendu qu'il n'a pas de recours à exercer contre le
mandataire.

Ainsi, tandis que le jurisconsulte voulait plutôt

(1) G. C., III, §§ 119 et 176.

indiquer un contraste entre le *sponsor* ou *fidepro-missor* et le fidéjusseur, les commissaires de Justinien ont appliqué au fidéjusseur. ce qu'il disait du *sponsor*.

On pourrait aussi supposer que le texte d'Ulpien commençant par les mots *Marcellus ait,* la suite du texte eût pu renfermer une réfutation de ce jurisconsulte, et qu'une erreur des compilateurs ait fait insérer ce texte au *Digeste.* Ce ne serait pas le seul fait de ce genre à signaler.

Quoiqu'il en soit, les textes en l'état actuel nous paraissent inconciliables.

Devant les textes si formels, il nous paraît bien difficile de croire qu'il y eût une obligation naturelle. Elle est cependant fort logique, et MM. Machelard et Massol (1) font remarquer que les assimilations nombreuses du prodigue avec le pupille *pubertati proximus* rapprochent bien plus sa condition de celle de ce pupille que du *furiosus.* Peut-être l'antinomie des textes du *Digeste* est-elle une trace d'un différend entre les jurisconsultes.

Le prodigue, en effet, jouit de sa raison, mais, d'un autre côté, il est solennellement interdit, et la sanction du préteur est assez publique pour mettre tout le monde en garde contre lui; c'est *exemplo furiosi* qu'il est mis en curatelle, et nous savons que le *furiosus* ne contracte pas d'obligation naturelle.

(1) *De l'obligation naturelle.*

V

FIN DE LA CURATELLE

La curatelle prend fin a *parte prodigi* par sa mort ou par la cessation de prodigalité (1). Nous pensons avec Voët que de même que l'interdiction était prononcée par le préteur, ce magistrat devait lever aussi solennellement l'interdiction pour rendre possible à l'interdit la gestion de ses affaires (2). Délivré de son curateur, il reprend tous ses droits(3). Une *capitis deminutio* du prodigue la fait encore cesser.

De la part du curateur, la mort, les excuses, le *crimen suspecti* (dans ce cas le curateur suspect est remplacé par un datif) (4), ainsi que la *capitis deminutio* font cesser les fonctions. Quant à la *capitis deminutio*, le curatelle légitime cesse par les trois *capitis deminutiones*. Du moment, en effet, que le curateur sort de la famille, il n'a plus à participer à ses droits. La curatelle dative, au contraire, ne cesse que par les deux premières.

L'extinction de la curatelle amène une reddition de comptes. Mais des lois spéciales n'avaient pas été créées pour cette matière comme pour la tutelle. Le curateur était assimilé à un *negotiorum gestor*.

(1) L. 4, pr. L. XXVII, t. 10.
(2) Voët, L. XXVII, t. 10, § 9.
(3) Paul, *Sent.*, III, iv², § 12.
(4) L. 3, L. XXVI, t. 10; l. 7, § 10, L. V, t. 70, C.

L'assimilation n'est pas fort exacte, car le *negotio-rum gestor* agit de son propre mouvement, tandis que la curatelle est une fonction imposée. Ces actions sont qualifiées d'utiles, *actio negotiorum gestorum utilis*, les *directa* sont celles que le prodigue emploie pour se faire rendre les comptes, et le curateur a contre lui *l'actio negotiorum gesto-rum utilis contraria* (1).

L'action du prodigue a des règles assez analogues à celles de l'action *tutelæ*; elle est comme elle privilégiée (2). Constantin changea le privilège du mineur en une hypothèque tacite; mais rien ne nous fait penser que ce droit s'étendît au prodigue, non plus que le droit concédé au *furiosus* d'exercer ces actions contre le curateur, même *durante curâ* pendant ses intervalles lucides.

Une autre action est entre les mains du prodigue contre les cautions du curateur qui a été cautionné : c'est une action *ex stipulatû* qui peut être pour-suivie, même *durante curâ,* à toute infidélité (3).

Et, enfin, une action *subsidiaire* contre le magis-trat qui a désigné le curateur (4).

C'est un sénatus-consulte rendu sous Trajan qui a créé ce droit.

Cette action atteint les magistrats qui n'ont pas fait donner caution ou en ont accepté d'insuffi-santes.

(1) L. 1, § 2, L. XXVII, t. 4.
(2) L. 25, L. XXVII, t. 3; l. 15, § 1, L. XXVII, t. 10; ll. 19 et 22, L. XLII, t. 5.
(3) L. 4, §§ 4 et 7, L. XLVI, t. 6.
(4) L. 5, L. V, t. 75, C.

Elle est subsidiaire, parce qu'on n'y peut avoir recours qu'après la discussion des biens du curateur et de ses fidéjusseurs, et n'est qu'une dernière ressource.

Toutes ces actions se transmettent passivement aux héritiers du curateur, des fidéjusseurs et des magistrats. Les premiers sont tenus aussi strictement que leur auteur; seuls, les héritiers du magistrat ne sont tenus que dans les cas de délit et de faute lourde de la part de celui-ci.

BAS-EMPIRE

**III. — Réformes de Justinien et des autres empereurs.
— Constitution de Léon-le-Philosophe.**

I

RÉFORMES DE JUSTINIEN ET DES AUTRES EMPEREURS

Après la savante organisation que nous venons d'étudier, les réformes du Bas-Empire sont assez dénuées d'intérêt.

Aussi passerons-nous rapidement sur ces Constitutions, où quelques idées sont noyées dans une fastidieuse phraséologie. Elles ont, cependant, cet intérêt qu'elles permettent de saisir l'esprit de l'époque où elles ont été écrites. Et de même qu'en passant de la loi des Douze-Tables au Droit prétorien, et de celui-ci aux sénatus-consultes rendus sous les empereurs, nous avons pu suivre un adoucissement graduel des lois concernant les prodigues, nous pourrons voir encore ici cette mansuétude s'agrandir et préparer, bien que de loin, l'apparition de nos lois actuelles.

M. Demangeat ne nous semble pas devoir être suivi quand il dit que la curatelle légitime était tombée en désuétude sous le Bas-Empire. Nous n'en voulons pour garant que les textes nombreux du

Digeste, que nous avons cités, et Justinien lui-
même (1), qui dit formellement que le curateur
datif ne doit exister qu'à défaut de curateurs légitimes.

Or, la curatelle légitime doit être plus fréquente
encore à cette époque, puisqu'à partir du rescrit
d'Anastase (2), les frères et sœurs émancipés rentrent dans la famille. Tous les devoirs des agnats
leur incombent de nouveau (3), et Anastase n'a garde
d'oublir la curatelle légitime (4). Justinien agran-
dissant encore le sein de la famille et y ramenant
les cognats rappelle qu'il leur impose les charges de
tutelle; celles de la curatelle (5) doivent probablement y être jointes.

Mentionnons rapidement dans chacune des matières que nous avons déjà traitées les réformes de
Justinien.

Nomination du curateur. — Le magistrat chargé
de cette fonction varie suivant la fortune de l'interdit,
les fonctionnaires municipaux étaient dispensés de
recevoir l'ordre du *prœses provinciœ,* et nom-
maient les curateurs pour les fortunes au-dessous
de 500 solides.

Des incapacités. — 1° Les mineurs de vingt-cinq
ans, jadis seulement excusables; 2° les militaires
qui étaient aussi excusables; 3° les évêques et les
moines (6); les débiteurs et créanciers.

(1) C., l. 7, § 6, L. V, t. 70.
(2) Inst., L. III, t. 5, § 1.
(3) C., l. 4, L. V, t. 30.
(4) C., l. 5, L. V, t. 70.
(5) C., l. 15, § 4, L. VI, t. 48, et *Novell.*, 118.
(6) *Nov.*, 123, c. v.

Excuses. — Le *Jus nominandi potioris* est sup-
primé.

Des fonctions du curateur. — Le créancier ou
débiteur du prodigue, qui tait cette qualité en ac-
ceptant la curatelle, perd sa créance ou encourt une
peine (1). Un testateur peut dispenser le curateur de
faire un inventaire de la succession laissée à l'interdit (2).

Dans le cas de pluralité de curateurs l'autorisation
d'un seul suffit si l'interdit veut se donner en adrogation.

Capacité du prodigue. — Elle tend de plus en
plus à être assimilée à celle de l'impubière, et les
fonctions du curateur à être assimilées à celles du
tuteur. La capacité augmente même jusqu'à être
assimilable à celle du mineur de vingt-cinq ans en
curatelle (3). Tandis que dans le droit classique, il y
avait eu entre les deux cette différence absolue, que
le mineur de vingt-cinq ans pouvait faire sa condition pire avec le consentement de son curateur.

II. — Les quelques réformes que nous venons de
signaler avaient cependant à peu près respecté l'antique organisation de la curatelle du prodigue; mais
Léon le Philosophe, dans sa Constitution XXXIX,
fit mieux qu'une réforme : il supprima l'ancien Droit.
Voici ce curieux document : « Personne, dit-il, n'est
« assez infaillible pour ne pas gérer parfois ses
« affaires d'une façon nuisible à ses intérêts; et
« personne non plus (si je ne me trompe) n'erre au

---

(1) *Nov.*, 72, cc. iii et iv.
(2) C., l. 13, § 1, L. V, t. 51.
(3) L. 3, C., L. II, t. 22.

« point de se nuire perpétuellement à lui-même. »
Voilà des considérations qui ne ressemblent guère
aux motifs qu'invoquaient les jurisconsultes de
l'époque classique. Ce sont ces réflexions sur la fra-
gilité humaine qui ont apparemment valu à cet
empereur le surnom de *Philosophe*. « ...Je parle
« ainsi au sujet de la loi qui interdit au prodigue
« toute décision et tout pouvoir dans la gestion de
« ses biens. Il fallait pour cette loi jeter les yeux
« sur ce qui s'est déjà fait, et en considérant ce
« passé, ne pas le sanctionner simplement; s'il
« admettait quelque inutilité, s'en débarrasser; ac-
« cepter, au contraire, tout ce qui peut être utile.
« Mais ce dernier cas n'est pas celui de la règle qui
« enlève au prodigue tout pouvoir sur sa fortune;
« aussi, jugeant sainement que ce n'était pas juste,
« adoucissant cette loi, nous avons établi : que les
« actes reconnus par un jugement comme décèlant
« la prodigalité ou l'erreur ne seront ni confirmés,
« ni approuvés. Quant à ceux qui sont justifiables,
« ils seront tenus pour valables et ne pourront être
« attaqués. Comment, si le pupille veut laisser une
« succession à ses proches, distribuer son bien aux
« pauvres, délivrer ses esclaves du lourd fardeau
« de la servitude, devons-nous, parce qu'il est pro-
« digue, le lui interdire ? S'il a quelque propriété qui
« soit pour lui cause de dommage, si quelqu'un qui
« peut y porter remède veut la lui acheter plus
« cher même que sa valeur, sa prodigalité doit-elle
« l'empêcher de pourvoir à ses affaires, de réaliser
« un gain ? Je n'en vois pas la raison. Aussi, ai-je
« décidé que la nature de l'acte devait être consi-

« dérée, et, si rien n'y dénote la prodigalité, qu'il
« soit ratifié ; s'il est, au contraire, l'indice d'une
« mauvaise gestion, nous ne pouvons le confir-
« mer. »

Il est difficile de trouver une transformation plus
absolue parmi toutes celles que le Bas-Empire a
accomplies.

Le curateur n'est plus un homme désigné par
le magistrat, c'est ce magistrat lui-même. Et les
considérants de la Constitution sont si vastes que le
prodigue n'est plus un individu en particulier, c'est
tout le monde. Chacun, en effet, nous dit l'empereur,
peut faire une mauvaise affaire ; où s'arrête, où
commence la prodigalité ? Le juge est, dès lors, un
tuteur universel, chargé de veiller sur les actions de
chaque citoyen. Plus de sécurité dans les transactions ; tout acte frustrant les intérêts de l'un des con-
tractants peut être entaché de prodigalité et, par
conséquent, résolu.

Il est curieux de voir, à tant de siècles de dis-
tance, les idées du Code anglais et de M. Batbie,
professées par Léon le Philosophe, bien que ce dernier y mette plus de largeur que ceux qui ont hérité
de ses doctrines.

Nous serions curieux de voir à l'œuvre cette
réforme radicale ; mais où en trouver la trace dans
le chaos du Bas-Empire ?

La législation porte l'empreinte de tous ses dé-
sordres. Chacun de ces empereurs d'Orient, dans
une langue aussi éloignée du latin des grands jurisconsultes que leurs Constitutions l'étaient des édits
de préteurs, venait à son tour insulter l'antique

Droit, qu'ils ne pouvaient plus comprendre, et, au milieu de phrases pompeuses, apporter de prétendues réformes qui changeaient la base du Droit. Chacune de ces Constitutions rendait encore plus inextricable l'écheveau de leurs lois, que de milliers d'interprètes venaient encore obscurcir de leurs commentaires.

Ces héritiers de la pourpre de César n'avaient plus en eux une goutte de sang romain ; ils étaient aussi barbares que leur langage et leurs lois. Bien digne de son nom, le Bas-Empire penchait lentement vers sa tombe au milieu de sa société décrépite, bouleversée par les invasions des hommes du Nord, dévorée par les factions et la débauche. La vie et l'avenir n'étaient plus là, mais appartenaient à leurs envahisseurs.

DROIT FRANÇAIS

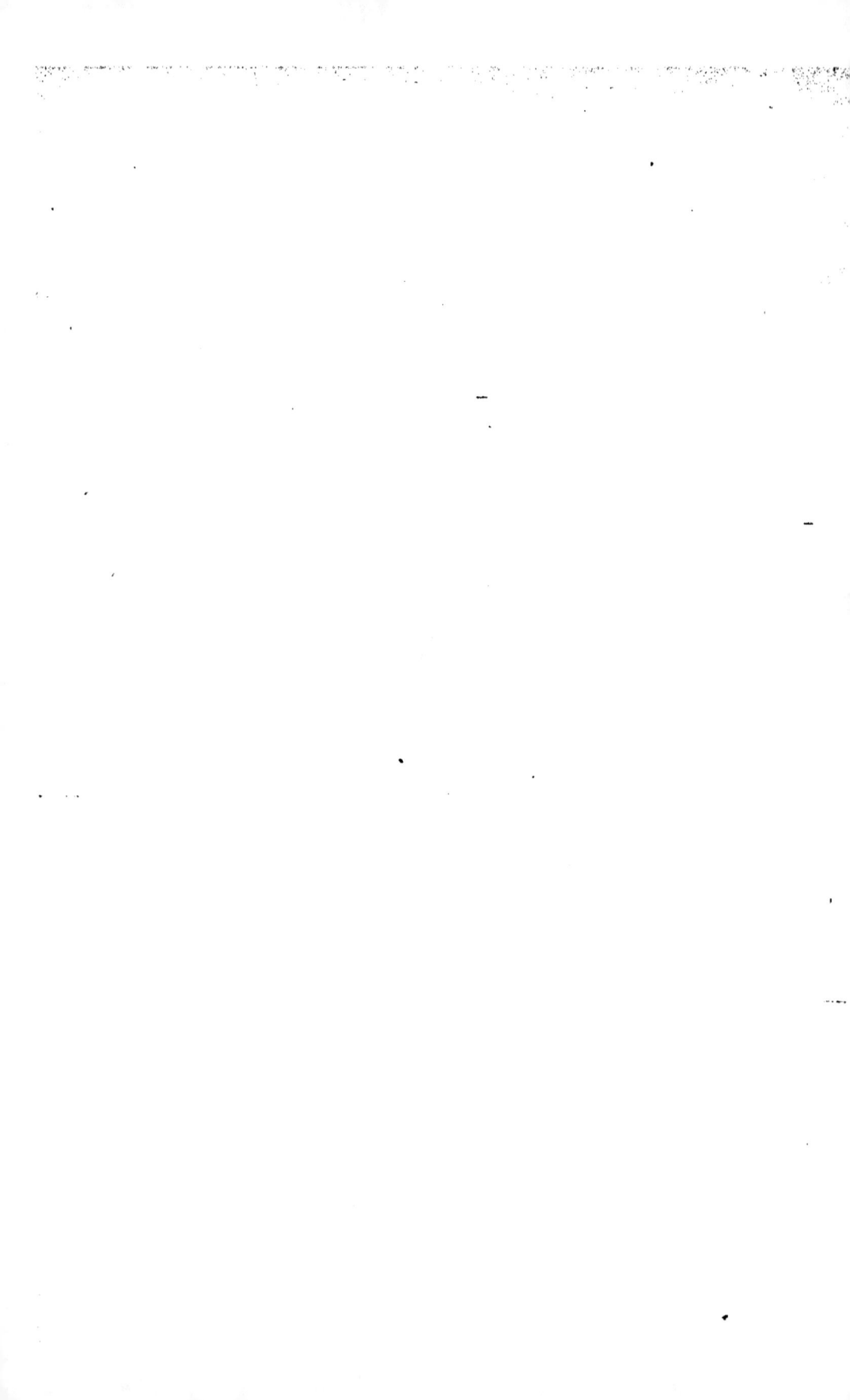

DROIT COUTUMIER

Le Droit romain survécut dans les Gaules à la chute de l'empire. Mais le Code Théodosien est le dernier monument législatif qui y eut force de loi.

Les réformes de Justinien et de Léon le Philosophe ne dépassèrent pas les limites de l'empire d'Orient.

L'interdiction se maintint donc chez les Gallo-Romains avec les anciennes règles; c'est même dans l'œuvre d'Anianus qu'ont été conservés les passages de Paul relatifs aux prodigues.

Dans les diverses lois germaines des envahisseurs, nous ne trouvons, au contraire, aucune loi au sujet de la prodigalité.

Ce vice ou cette infirmité ne se développe et n'est à redouter que dans un état de civilisation plus avancé.

6

Ce n'est pas à dire que la prodigalité ne se mani-
festât pas chez les envahisseurs, c'est, au contraire,
le moindre défaut des barbares. Peu soucieux de
ramasser l'argent par le travail, l'industrie et l'économie, ils préfèrent devoir la richesse à leur épée.

Mais ces trésors acquis au prix de leur sang, ils
apportent à les dépenser la même fougue qu'ils ont
mise à les acquérir.

Les historiens de Rome citaient avec étonnement
l'exemple de ces Gaulois qui, après avoir perdu leur
fortune au jeu, se jouaient bravement eux-mêmes,
et sacrifiaient à leur passion leur liberté ou leur vie.

Et cette folle insouciance n'était pas le propre de
cette nation; les diverses peuplades germaines, qui
vinrent s'établir en France, ne différaient guère par
leurs mœurs de leurs anciens habitants.

Ce n'est que plus tard, lorsque les hordes deve-
nues peuples eurent goûté la vie sédentaire, appris
des Gallo-Romains le commerce et l'industrie, et
apprécié le luxe des vaincus, que se fit sentir le besoin de nouvelles lois correspondant à de nouveaux
goûts.

A cette époque, le système de la personnalité des
lois avait fait place, par la succession naturelle des
événements, au régime coutumier. La France, qui
venait d'être créée, s'était partagée en deux grandes
régions : pays de Droit écrit, où se suivait la loi
romaine, et pays de Coutumes. Dans ceux-ci, où les
vainqueurs avaient fini par absorber les vaincus, le
Droit germain formait la base de la Coutume ; mais
pour les parties où ces lois primitives étaient insuf-
fisantes, on empruntait largement au Droit romain.

C'est ce qui se produisit pour l'interdiction; quand le besoin se fit sentir de réprimer la prodigalité, on fit appel à la législation d'outre-Loire.

Mais, naturellement, en passant dans les diverses Coutumes, elle prit des caractères différents. Bien que les modifications apportées à la loi romaine soient peu profondes, il est cependant utile de les signaler.

Dans les pays de Droit écrit même, l'introduction du Digeste et des Constitutions des empereurs amena quelques réglementations nouvelles. C'est ainsi qu'il fut conclu, de la bizarre Constitution de Léon le Philosophe, que lorsque le testament du prodigue était plein de sens, il devait être tenu pour bon (1). C'est bien la seule chose logique que l'on pût extraire de ce document, et encore était-ce une source inépuisable de procès.

Voyons maintenant, en suivant le même ordre que nous avons adopté pour l'étude du Droit romain, les modifications qui y avaient été apportées dans notre ancien Droit.

1° *De la qualité de prodigue.* — Ainsi que les lois romaines, la plupart des Coutumes n'avaient rien statué au sujet de la détermination de la prodigalité. L'appréciation des tribunaux était toujours souveraine en la matière. La Coutume de Bretagne semble cependant avoir admis une règle générale, car d'Argentrée et Perchambault (2) rapportent, comme une règle établie, l'obligation pour le juge de constater que le prodigue a dépensé le tiers de

(1) Charondas, II; Cambolas, Arr. 1628.
(2) *Commentaires,* art. 518.

sa fortune. Cette règle était absolument spéciale à cette province, et semble même être tombée en désuétude (1). Chose aussi remarquable, les errements de la loi des Douze-Tables semblent avoir influé sur les décisions de certains Parlements qui répugnaient à interdire les célibataires, qui n'étaient tenus d'aucuns devoirs alimentaires à l'égard des collatéraux. Il y a même un arrêt du Parlement de Paris de 1600 rendu dans ce sens (2).

De la nomination du curateur. — La Coutume de Toulouse nous apprend que dans cette ville la nomination du curateur était faite jadis par les capitouls ou magistrats municipaux ; ainsi en devait-il être dans la plupart des villes. Mais l'édit de Crémieu (3) unifia la législation et confia ce droit aux baillis et aux sénéchaux pour les personnes nobles, et aux juges ordinaires pour les roturiers.

Les formalités variaient suivant les Coutumes; en Flandres certaines exigeaient des lettres royaux pour poursuivre l'interdiction.

Le juge compétent était celui du domicile de l'interdit, bien que cependant la jurisprudence ait varié et qu'un arrêt du Parlement de Flandres de 1779 ait reconnu que le prodigue pouvait se soumettre volontairement à une autre juridiction.

La Coutume de Bretagne (4) ordonnait la comparution du prodigue, et d'Argentrée réfute l'opinion étrange de quelques vieux auteurs qui soutenaient

---

(1) Merlin, V° *Prodigue.*
(2) *Diction. des Arrêts,* V° *Interdit.*
(3) Juin 1536.
(4) Dargentrée, art. 492.

que la personne soupçonnée de prodigalité ne pouvait, à cause de sa qualité de prodigue, paraître à l'audience; c'était un cercle vicieux. Cependant, la formalité n'était pas exigée partout. Une enquête préalable sur l'état de prodigalité était exigée, et un arrêt du Parlement de Toulouse de 1570 (1) cassa une interdiction prononcée à Castelnaudary du soir au matin.

Les mineurs en tutelle ne pouvaient être interdits. Mais un arrêt du Parlement de Paris de 1785 déclare que la femme mariée peut l'être.

Celui dont la majeure partie des biens était grevée de substitutions ne pouvait être interdit. Ce fait mérite qu'on s'y arrête. La substitution, très en faveur à cette époque, est, en effet, un excellent procédé pour garantir le prodigue contre lui-même. Aussi voyons-nous la matière surtout étudiée en Bretagne, où les substitutions étaient peu usitées. Force arrêts nous montrent les Parlements approuvant des exhérédations et des substitutions exemplaires pour cause de prodigalité. (Paris, 1636, 1638) (2).

Tout parent était admis à provoquer cette interdiction; le droit des enfants et de la femme a été reconnu plusieurs fois; il est consacré dans la Coutume de Bretagne (art. 519). Celui des collatéraux a été contesté, et nous avons vu un arrêt de 1600 le leur refuser. Il était pourtant généralement admis.

Le ministère public avait-il ce droit? De nombreux arrêts le reconnaissent, notamment un du Parlement de Rennes de 1608, et Perchambault pro-

(1) *Diction. des Arrêts*, V° *Prodigue*.
(2) *Diction. des Arrêts*, V° *Interdit*.

fesse cette opinion à propos de l'article 518 de la Coutume de Bretagne.

Une innovation curieuse, dont nous ne trouvons de trace ni dans le Droit romain, ni dans notre Code, est le droit qu'avait le prodigue à demander son interdiction, parfois en vertu de conventions passées antérieurement. Ce droit, que l'on a cru devoir faire disparaître dans le Code, a cependant sa raison d'être, et il nous paraît assez naturel qu'une personne, convaincue de sa propre incapacité, demande à être mise à l'abri de ses écarts. Mais cette sorte d'interdiction était entachée d'un vice assez fréquent; elle était prononcée par un seul juge, dans sa maison, sans aucune publicité, et était levée de même.

Des lettres patentes de 1769 mirent un terme à cet abus et exigèrent que ces sortes de jugements ne fussent rendus que sur conclusions de la partie publique et par tous les juges. Le Châtelet s'obstina cependant à conserver l'ancien usage.

Dans les affaires où il y avait partie civile, les conclusions du ministère public n'étaient pas nécessaires. (Parlem. de Dijon, 1738.)

Du curateur et de ses fonctions. — On suivait pour la nomination du curateur la même règle que pour celle des tuteurs. Le mari l'est de droit pour sa femme interdite. La femme peut l'être de son mari; un arrêt du Parlement de Paris de 1734 établit ce droit (1) péremptoirement.

D'après le brocard, qui avait cours durant tout le

(1) Merlin, *Répertoire*, V° *Prodigue.*

moyen âge : *Tuteur et curateur n'est qu'un,* tous les droits et devoirs du curateur étaient exactement les mêmes que ceux des tuteurs. Voilà où avait abouti ce lent travail d'assimilation que nous avons constaté durant le cours de notre étude sur le Droit romain. Nous trouvons au début la maxime : *Tutor datur personœ, curator rei.* Mais à chaque modification que subit le Droit durant cette longue suite de siècles, nous voyons leurs fonctions se rapprocher, et le brocard coutumier aurait déjà pu s'appliquer sous le Bas-Empire.

Mentionnons cependant un fait spécial à la Bretagne, qui, comme nous l'avons vu, avait un ensemble de règlements spéciaux sur la matière; la femme devait être curatrice de son mari, si elle en était jugée digne par douze proches de l'interdit. Elle était dispensée de caution. On allait même jusqu'à la déclarer commune et la dispenser d'inventaire.

Une vive controverse s'était élevée entre les auteurs à ce sujet; mais, si cette règle a existé, elle était spéciale à cette province.

Effet de l'interdiction. — A l'origine, aucune publicité n'était donnée au jugement; l'ordonnance de 1629 exigea, au contraire, une grande publicité : affichage au greffe et publication du jugement.

Le Châtelet exigeait communication aux cent vingt notaires du ressort.

Nous avons déjà dit que la Novelle de Léon avait fait admettre le droit de tester pour le prodigue dans une certaine limite. Et nous trouvons force arrêts de Parlements consacrant des testaments re-

connus raisonnables, notamment du Parlement de
Toulouse en 1579 et 1628 (1).

Une question se pose à propos de son mariage :
s'il est libre de se marier, il ne l'est pas de contracter des obligations à ce sujet; la situation est
fort pénible, d'autant plus que le Droit commun
était excessif sous certaines Coutumes; par exemple,
celle de Douai, qui établissait communauté de tous
biens entre les époux et donnait la propriété au
survivant et aux enfants. Aussi, la jurisprudence
était-elle d'accord pour laisser une certaine latitude
pour les contrats de mariage (2), quitte à les rompre
s'ils sont excessifs. (Parlem. de Rouen, 1671.)

D'Olive rapporte un arrêt de 1636, reconnaissant
au prodigue le droit d'être témoin, sauf pour le testament.

Sur une fausse interprétation du Droit romain et
des lois 1, *de Curator*, et, 8 *Pro emptore*, que nous
avons interprétées, certains auteurs, notamment le
président Favre, faisaient remonter jusqu'aux premiers signes de prodigalité la nullité des actes du
prodigue. La Coutume de Bretagne est formellement
contraire à cette idée (art. 520, 521, 522), et de
nombreux arrêts du Parlement de Paris ont reconnu
la validité d'actes, même intervenus au cours du
procès. (Paris, 1564, 1572.)(3) Celui de 1564 est à
bon droit célèbre, ayant été rendu entre le roi de
Navarre et le comte de Sancerre.

Mainlevée de l'interdit. — Un arrêt du Parle-

(1) D'Olive. Maynard.
(2) Servin, *Arrêts*, t. II.
(3) Ferrières.

ment de Paris de 1781 reconnut que le prodigue pouvait poursuivre la mainlevée de son interdiction sans l'assistance du curateur, et que sa demande devait être portée devant le juge de son domicile.

Signalons seulement, pour mémoire, l'opinion qui voulait que la curatelle du prodigue cessât par le mariage, comme celle du mineur; un arrêt de 1717 repoussa cette étrange doctrine.

Du conseil judiciaire. — Nous n'avons jusqu'à présent parlé que de l'interdiction, reste du Droit romain; mais il est une autre institution, œuvre des Parlements, la seule qui ait été conservée dans le Code Civil : le *Conseil judiciaire.*

Et à ce propos qu'il nous soit permis de relever les expressions que M. Laurent, dans ses remarquables *Principes du Droit français,* emploie à l'égard de l'ancien Droit : « L'ancien Droit, dit-il, interdisait le prodigue..... On avait peu de respect sous l'ancien régime pour la liberté des hommes..... Aujourd'hui nous avons un sentiment plus vrai de la liberté individuelle et des droits qu'elle implique. »

Le sujet nous paraît mal choisi pour une pareille critique : l'interdiction n'est pas l'œuvre de notre ancienne législation, elle l'a reçue du Droit romain ; et, loin de l'appliquer avec rigueur, elle l'a modifiée à tel point que nous sommes en droit de dire que, grâce à la latitude laissée aux Parlements, la condition du prodigue était souvent plus douce que sous le régime du Code.

C'est ainsi que nous trouvons des exemples d'interdiction temporaire. (Arrêt du Parlement de Paris de 1779, interdisant pour deux ans.) Et que nous voyons les juges, lorsque la personne atteinte de prodigalité ne leur paraissait pas devoir être frappée d'interdiction, lui nommer un conseil, dit conseil judiciaire, sans lequel elle ne pouvait procéder à certains actes.

Cochin, dans un passage bien connu, signale ainsi ces diverses modifications : « Les uns sont absolument interdits de toute disposition, les autres ne le sont que par rapport à l'aliénation des fonds ; aux autres on donne un simple conseil sans l'avis duquel ils ne peuvent contracter ; il y en a qui ne sont gênés que dans un seul genre d'action, par exemple à qui on défend d'entreprendre aucun procès sans l'avis par écrit d'un avocat qui leur est nommé. Le remède change suivant les circonstances, et c'est la nature de chaque affaire qui règle la manière dont on doit pourvoir aux besoins de ceux à qui ces secours sont nécessaires. » Cette manière de procéder ne semble-t-elle pas fort logique et très-conforme à la nature humaine et aux avis des aliénistes, qui démêlent dans chaque fou l'idée fixe sur laquelle il déraisonne ?

Ce sont des actes de toute nature qui étaient ainsi interdits, et Merlin dans son *Répertoire* (1), parle même de prodigues qui ne peuvent contracter alliance sans autorisation de leur conseil. Pour toutes ces mesures, la loi agit paternellement, et vient remplacer l'autorité paternelle qui fait défaut à ces grands enfants.

(1) Merlin, *Répertoire*, V° *Interdit*.

Est-il besoin de rappeler l'exemple classique donné par Racine dans les *Plaideurs* :

> « ... Un arrêt par lequel, moi logée et nourrie,
> « Je ne pourrais, Monsieur, plus plaider de ma vie .. »

Cette nomination, et c'était un grand tort, était faite sans aucune publicité, les lettres de 1769 ne paraissant pas y avoir trait. Le juge, sur requête des intéressés et en connaissance de cause, donnait au prodigue un ou plusieurs conseils, des avocats le plus souvent, sans l'avis desquels ils ne pouvaient entreprendre soit aucun acte, soit certains actes déterminés.

Mais ces incapacités sont tout autres que celles de l'interdit; ainsi, le conseil ne pourrait intervenir dans la confection du testament qui ne peut être interdite. S'il est défendu au prodigue d'intenter des procès, il peut très-bien se défendre, et c'est lui et non le conseil qu'on doit assigner.

Dans le cas où le conseil cesse ses fonctions, aucun acte ne peut être passé jusqu'à la nomination d'un nouveau. (Arrêts de Paris, 1760, 1762.) Ajoutons que la fonction de conseil n'est pas obligatoire comme celle de tuteur ou curateur, et que le conseil n'était généralement pas un membre de la famille.

DROIT INTERMÉDIAIRE

Les premières lois de la Révolution n'apportèrent point de modifications aux principes admis pour l'interdiction. Les lois des 16-24 1790 août posent seulement quelques règles au sujet de la compétence des juges. Mais le 2 septembre 1793, un décret fut rendu en ces termes : « Un membre propose de savoir si, en anéantissant les interdictions actuellement existantes qui n'ont été prononcées que pour cause de prodigalité, il ne serait pas juste de donner effet aux obligations contractées pendant la durée de ces interdictions, par ceux qui en ont été frappés. » C'était une question de révision de l'effet des anciennes lois plutôt que de leur texte. Mais la Constitution du 5 fructidor an III ayant été édictée avec un article ainsi conçu : « Art. 13-1. L'exercice des droits de citoyen est suspendu par l'interdiction pour cause d'imbécillité, démence ou fureur », l'interdiction pour cause de prodigalité se trouva abolie implicitement, et le tribunal de Cassation jugea dans ce sens le 24 nivôse an X, et ne voulut pas même admettre la nomination d'un conseil judiciaire, la législation étant muette sur ce point.

Travaux préparatoires du Code. — Parmi les divers sentiments qui se partageaient l'opinion au sujet du prodigue, les législateurs du Code Civil choisirent un moyen terme; vieux parlementaires pour la plupart, ils avaient pu juger des inconvénients de l'interdiction; quant à pousser l'amour de la liberté jusqu'à tolérer la licence, ainsi que le faisait la législation précédente, leur expérience les garantissait contre cette erreur. Ils adoptèrent donc, en le codifiant d'une façon régulière, le Conseil judiciaire qu'ils avaient déjà vu aussi à l'œuvre, mais que leur procédé de codification ne permettait pas de remettre, comme jadis, à la discrétion des tribunaux.

Le 13 brumaire an XI, Emmery présentait son projet au Conseil d'État. La discussion fut très-vive au sein de cette assemblée; le projet s'arrêtait à l'article 512 actuel; la prodigalité n'y était pas prévue directement, tout au plus l'article 499 offrait-il une ressource contre elle. M. Maleville réclama le rétablissement de l'interdiction; Treilhard et Berlier soutinrent la rédaction; ce dernier fit remarquer combien était difficile à définir la prodigalité, qui pour lui n'est pas plus dangereuse, au point de vue de l'intérêt général, que l'avarice. Regnaud de Saint-Jean-d'Angély et Cambacérès soutinrent avec force la nécessité d'une législation spéciale au prodigue, tandis que le projet ne permettait pas de poursuivre directement contre lui la nomination d'un conseil.

L'article 499 ne permet, en effet, de donner de conseil qu'à celui qui a été poursuivi pour imbécillité, démence ou fureur. Treilhard répliqua que le respect de la liberté doit plutôt être exagéré, et que la prodigalité ne doit être réprimée que lorsqu'on peut la qualifier de démence. Tronchet soutint aussi cette opinion. Mais Portalis et Camba-

cérès appuyèrent vivement sur la nécessité de
réprimer la prodigalité, sur le peu de danger qu'il
y avait à adopter cette mesure, dont on ne risquait
guère d'abuser, et enfin sur l'inefficacité de l'article 499 (12 du projet) combiné avec l'article 489
(2 du projet). Ils enlevèrent le vote, et l'addition du
chapitre du Conseil judiciaire fut décidée. La rédaction actuelle fut adoptée le 4 frimaire an XI et présentée au Tribunat.

Le 28 ventôse, rapport d'Emmery au Corps législatif. Dans cette œuvre remarquable, l'orateur fait
voir les motifs qui ont décidé le Conseil d'État à
s'occuper des prodigues :

L'État est intéressé à la conservation des familles,
et ne peut admettre pour un citoyen le droit de
ruiner la sienne. Toute l'ancienne législation est là
comme exemple; mais on a beaucoup adouci l'ancienne rigueur.

Le 5 germinal, rapport au Tribunat de Bertrand
de Greuille, dans lequel il expose les motifs qui ont
fait préférer à l'interdiction le Conseil judiciaire.

Le prodigue n'est pas dénué de raison; il n'a donc
besoin que d'être doucement réprimé, et l'on peut
espérer que cette demi-mesure suffira pour le ra-
mener à de meilleures mœurs.

Le 8 germinal, rapport de Tarrible, orateur du
Tribunat, au Corps législatif.

Il fait remarquer que dans le projet de l'an VIII
on se contentait de permettre, à celui qui doutait de
lui-même, de prendre un *conseil volontaire*.

Mais le Conseil d'État n'a pas été scrupuleux à ce
point; il a jugé que la liberté des citoyens n'était

pas inviolable au point de les laisser devenir un danger pour la société, la famille et eux-mêmes. Mais il a mesuré l'incapacité dont est frappé le prodigue avec douceur.

Nous ne nous arrêterons pas aux considérations philosophiques et morales contenues dans le rapport du tribun. Nous les avons étudiées dans notre introduction. Quant aux dispositions législatives qui sont commentées dans ce discours, elles vont faire l'objet de notre étude sur le Droit français actuel.

Le projet fut, en effet, adopté dans son entier, sans modifications, le 18 germinal an XI, et promulgué le même jour.

DROIT FRANÇAIS

Du prodigue, de la nomination du Conseil judiciaire.

1" Du prodigue, qui peut être pourvu d'un Conseil judiciaire; 2" qui peut demander la nomination du Conseil judiciaire; 3º procédure.

1º *Du prodigue, qui peut être pourvu d'un Conseil judiciaire.*

« Il peut être défendu aux prodigues de plaider, de transiger, d'emprunter, de recevoir un capital mobilier et d'en donner décharge, d'aliéner, ni de grever leurs biens d'hypothèques, sans l'assistance d'un conseil qui leur est nommé par le Tribunal. »

Pas plus dans notre législation que dans celle de Rome, on ne peut donner une définition exacte du prodigue. Les tribunaux ont plein droit d'appréciation en pareille matière. Dans la discussion au Conseil d'État, lors de la rédaction du Code Civil, ce fut au Droit romain que l'on emprunta les expressions chargées de dépeindre la prodigalité.

Nous avons vu que d'Argentrée avait posé une règle pour la Coutume de Bretagne : « L'on ne pou-

7

vait interdire pour prodigalité que celui qui avait
dévoré au moins le tiers de ses biens. » Bien que
Touiller conseille aux juges, qui ne voudraient pas
décider arbitrairement, de suivre cette règle, elle
ne peut être d'aucune valeur à notre époque (1).
La seule raison doit guider en pareille matière; c'est
bien plus la nature des dépenses que leur valeur
qui doit être prise pour base d'appréciation (2).
L'homme charitable, l'inventeur ou le commerçant
hasardeux ne sauraient être confondus avec le dissipateur quand bien même ils essuyent des revers
de fortune. Ce n'est pas non plus sur un seul acte
que l'appréciation de la justice doit reposer; il en
faut un ensemble permettant de constater ce défaut
dans le jugement qui constitue la prodigalité.

Nous trouvons dans Dalloz (3) une opinion qui
nous semble erronée; il va trop loin, croyons-nous,
quand il admet que les juges ont le droit de prévoir
la prodigalité future et de nommer un Conseil judiciaire aux personnes qui, par certains indices, font
prévoir qu'elles vont se livrer à la prodigalité. Les
quelques cas cités à l'appui nous paraissent avoir
trait à la faiblesse d'esprit et non à la prodigalité.
Il s'agit, en effet, de personnes que leur grand âge
ou des infirmités rendent capables de dépenses mal
raisonnées, ce qui n'est point du tout la prodigalité
proprement dite, laquelle n'implique aucune faiblesse d'esprit.

Ce sont donc seulement des dépenses exagérées et

(1) Demolombe, I, vIII, § 694.
(2) Paris, 7 janvier 1856, Dall.
(3) Dalloz, V° *Interdiction*, 256.

non raisonnées qui peuvent motiver cette qualification de *prodigue,* et Dalloz rapporte entre autres
deux cas remarquables par leur originalité qui feront
sentir assez justement la limite d'appréciation de la
jurisprudence.

L'un est celui d'un prêtre à qui le tribunal de
Laval avait nommé un conseil, uniquement à cause
de ses opinions étranges en religion. La Cour d'Angers réforma le jugement (10 prairial an XIII), en
se basant sur ce que ledit prêtre jouissait de son
jugement pour l'administration de ses biens (1).

Dans l'autre cas, il s'agit d'une personne qui
avait confié à un prêtre l'administration de ses
biens. Le tribunal de Montauban, considérant ce
fait comme un indice de prodigalité, avait nommé
un conseil. La Cour de Toulouse reconnut que ce
fait n'impliquait nullement la prodigalité et que le
plaignant était libre de confier à qui lui plaisait
l'administration de ses biens (2).

Le pouvoir des juges est donc en réalité *discrétionnaire* (3).

Nous avons vu en Droit romain que certaines
personnes seulement pouvaient être interdites pour
prodigalité, de même dans notre ancienne législation. Sous l'empire du Code, tout le monde peut être
pourvu d'un conseil judiciaire.

L'article 513 ne soulève pas les mêmes difficultés
que l'article 489, l'expression de *prodigues* est très-
générale et non restrictive, comme celle de *majeurs.*

(1) Dalloz, V° *Interd.*, 255.
(2) Dalloz, 5 juillet 1867.
(3) Cass., 12 mars 1877.

Dans le cas de l'article 489, la plupart des auteurs décident que le mineur, émancipé ou non, peut être interdit (1) *à fortiori* devons-nous admettre la nomination d'un conseil judicaire. Cependant, l'on pourrait douter de la possibilité d'actes de prodigalité de la part du mineur qui n'a pas la disposition de ses biens, mais l'expérience est là pour prouver qu'à défaut de dépenses, il fera des dettes, quitte à les payer à sa majorité; il importe donc qu'à la première minute où il pourrait payer, il soit sous la protection d'un conseil. La jurisprudence est unanime sur ce point (2), et l'un des arrêts cités mentionne que le conseil nommé durant la minorité doit continuer ses fonctions à la majorité. Dans le cas où le mineur n'est pas émancipé, ce n'est que dans ce but qu'on lui peut donner un conseil qui, vu sa situation, ne pourra lui être d'aucune utilité tant qu'il demeurera sous l'autorité de son père ou de son tuteur.

Pour la femme mariée, la question a fait quelques doutes. Sous la protection de son mari, ne pouvant faire que des actes d'administration sans son autorisation, il semble que la présence d'un conseil soit superflue. Il a même été jugé plusieurs fois que les fonctions du conseil finissaient par le mariage de la femme qui y est soumise (3). Cependant, M. Demolombe proteste contre cette idée : « Si le mari est absent? S'il est pourvu lui-même d'un con-

(1) Aubry et Rau, t. I, p. 511. — Demolombe, VIII, 440-442.
— Laurent, 252.
(2) Dalloz, Bourges, 1846; Rennes, 1833.
(3) Dalloz, Nancy, 1838.

seil?... (1) » Dans le cas de séparation de biens, la femme peut toucher ses capitaux sans autorisation du mari, ni de justice : la nécessité du conseil se fait bien sentir. Aussi a-t-il été jugé dans ce sens, même sans distinguer si la femme était séparée de biens ou non (2). La Cour de Nancy a déclaré dans l'arrêt déjà cité que les fonctions de conseil appartenaient au mari; mais nous ne pouvons admettre ce principe de droit : l'article est formel et confie le droit de nomination au tribunal (3). La puissance maritale reste intacte (4); mais cette nomination est une sorte de châtiment pour le mari qui a, par sa faiblesse, laissé sa femme en arriver à des actes de prodigalité et qui, s'il est peu scrupuleux, pourrait profiter de cette propension à la dépense.

2° *Qui peut provoquer la nomination d'un conseil judiciaire?*

Art. 514. — « La défense de procéder sans l'assistance d'un conseil peut être provoquée par ceux qui ont droit de demander l'interdiction. »

Ainsi donc, l'article 490 est applicable, et nous reconnaîtrons ce droit à tout parent et à *chacun des époux;* ce droit a été reconnu au mari, dans le cas de séparation de biens, pour prévenir la dissipation des meubles de sa femme (5). Même dans le

(1) Demolombe, VIII, 697.
(2) Dall., Cass., 1838; Rennes, 1840; Paris, 20 avril 1875.
(3) Dall., Cass., 12 mars 1877.
(4) Douai, 6 mars 1857; Dall.
(5) Dall., Montpellier, 1841; Nancy, 26 novembre 1868.

cas de séparation de corps, qui ne rompt point entièrement les liens du mariage.

Le tuteur est aussi admis à cette demande, au
nom de ses pupilles (1).

Le ministère public? Cette question a suscité une
controverse. Toullier, Duranton et Zachariæ lui
refusent ce droit, et, au point de vue de la logique
et d'une interprétation libérale du Code, leur avis
me paraîtrait préférable. Ou le prodigue a une
famille, et le ministère public ne doit pas s'immiscer
dans ses affaires, ou il n'en a pas, et alors ce n'est
qu'au nom d'un intérêt général bien vague que le
magistrat pourrait demander à lui retirer l'usage
d'une fortune dont il n'est responsable envers personne. Lors de la discussion du Code, le Tribunat
proposa d'ajouter à l'article 514 : « Excepté toutefois le ministère du gouvernement (2)'» ; mais cette
addition n'ayant pas eu lieu, il n'est pas possible de
soutenir cette opinion devant le texte formel de l'article. Aussi, la masse des auteurs est-elle dans ce
sentiment (3).

Dans l'ancien Droit, nous avons vu le prodigue
demandant lui-même son interdiction ou y consen-
tant par acte public, et dans un des premiers projets
du Code Civil, ce droit lui était reconnu; mais le
conseil d'État repoussa l'article. D'après l'article 514, nous devons suivre la même doctrine que
pour l'interdiction; or, l'unanimité des auteurs est

(1) Dall., Bruxelles, 1807.
(2) Locré sur l'article 514.
(3) Aubry et Rau, I, 138, et les auteurs cités.

d'avis que l'on ne peut poursuivre sa propre interdiction.

Concluons donc qu'une personne ne saurait demander à perdre une partie de ses droits ainsi
volontairement. Cette demande pourrait, d'ailleurs,
être une source de fraudes pour les obligations non
datées.

La conséquence naturelle est que l'aveu du défendeur ne serait pas suffisant et ne saurait remplacer
son interrogatoire (1).

Peut-on admettre l'acquiescement de la partie au
jugement qui lui impose un conseil? La Cour de
Turin avait décidé dans ce sens (4 janv. 1812) (2),
sur ce motif que le jugement auquel elle acquiesce
produit son effet non par la volonté du défendeur,
mais par l'autorité de la justice. Ce raisonnement
ne saurait être admis, car, en réalité, les résultats
sont modifiés, puisque la partie renonce à son droit
d'appel et par là donne autorité de chose jugée à un
jugement qui eût pu être réformé (3). Et la nomination d'un conseil modifiant l'état d'une personne ne
peut faire l'objet d'une transaction. Vainement dira-
t-on que l'état n'est pas sensiblement modifié, pour
si minime que soit la restriction apportée aux droits,
elle n'en existe pas moins. Contre qui cette action
peut-elle être dirigée? Pour le majeur, pas de difficulté; c'est à lui seul qu'ont affaire ceux qui veulent
lui faire nommer un conseil judiciaire.

Mais lorsqu'il s'agit d'un mineur, il a été jugé que

(1) Demolombe, VIII, 702.
(2) Dall., V° *Interdiction*.
(3) Rennes, 26 décembre 1866.

l'instance ne pouvait être valablement poursuivie
que contre le mineur lui-même et non contre son
subrogé-tuteur (1). Le danger était, en effet, qu'au
début de sa majorité, le *de cujus* ignorât le jugement dont il était victime. Mais il a été jugé qu'il
y a nécessité, à peine de nullité, d'assigner aussi le
père ou le tuteur du mineur (2).

Quant à la femme mariée, il faut, pour que l'instance soit valable, qu'elle ait été autorisée à ester
en justice. La Cour de Caen a décidé qu'une femme
dont le mari est absent est réputée autorisée par le
jugement qui ordonne l'interrogatoire et la réunion
du conseil de famille (3).

3° *Procédure.*

D'après l'article 514, c'est sur les règles données
pour l'interdiction que l'on doit se baser pour procéder à la nomination du conseil. La demande, dit
l'article 492, sera portée devant le tribunal de première instance. C'est évidemment, d'après l'article 59
du Code de Procédure, le tribunal du domicile du
prodigue, et nous ne nous arrêterons pas à un jugement du tribunal de Bordeaux (4), qui considérait le
tribunal de la résidence habituelle comme compétent à cause de la connaissance qu'il peut avoir des
faits reprochés; il n'est pas permis de douter devant
les expressions des Codes.

(1) Dalloz, V° *Interdit*, 250.
(2) Dalloz, V° *Interd.*, 54.
(3) Dalloz, *ibid.*; Caen, 1er mai 1826.
(4) Dalloz, V° *Domicile*, an XIII.

La demande est introduite, sans préliminaire de conciliation (art. 49, C. Pr.) par une requête présentée au président du tribunal. Dans cette requête doivent être articulés, par écrit, les faits de prodigalité. L'article 493 demande la production de pièces; elles seront évidemment très-difficiles à produire, car les titres constatant les dépenses exagérées sont évidemment entre les mains du défendeur. La requête doit, vu l'importance de l'affaire, mentionner des faits graves; mais au cours de l'instruction d'autres peuvent être articulés. La Cour de Cassation a statué que l'absence de l'indication des témoins sur la requête n'entraîne pas sa nullité (1); la Cour de Rennes a jugé de même pour les pièces justificatives (2). Mais encore faut-il que l'un et l'autre ne manquent pas dans la requête (3).

Le président transmet la requête au ministère public et nomme un juge rapporteur. (891, C. Pr.) Sur le rapport du juge et les conclusions du ministère public, le président ordonnera que le conseil de famille donne son avis sur l'état de la personne. (Art. 494, C. Civ.; 892, C. Pr.) Nous admettrons, avec Demolombe (4), que le tribunal peut rejeter la requête, sans avis du conseil de famille, si elle lui paraît mal fondée; cela ressort de l'article qui ordonne l'examen du ministère public et du juge rapporteur. Nous ne croyons pas qu'il y ait en la matière le cas de modifier les règles qui régissent la

(1) Dall., 2 août 1860.
(2) Dall., V° *Interdiction*, 65, 2°.
(3) Rennes, août 1838 ; Dalloz.
(4) Demolombe, VIII, 489.

composition et la réunion du conseil de famille, sauf
les dispositions de l'article 495 : « Ceux qui auront
provoqué l'interdiction (ou la nomination du conseil
judiciaire) ne pourront faire partie du conseil de
famille ; cependant, l'époux ou l'épouse et les enfants
du *de cujus* pourront y être admis sans y avoir
voix délibérative. » La première partie de l'article
est très-naturelle et juste ; il ne se pose, à son
sujet, qu'une question : si la présence des personnes
indiquées entraîne la nullité de la délibération. Plusieurs arrêts ont décidé qu'il n'y avait pas lieu à
nullité si les intérêts du *de cujus* avaient été sauve-
gardés (1) ; l'appréciation des juges est souveraine
en la matière.

Quant à la seconde partie, elle a fourni matière à
discussion. La présence du conjoint et des enfants
du *de cujus* n'a pu être en question dans les articles qui traitaient du conseil de famille au sujet de
la tutelle ; notre article est donc le seul qui puisse
être invoqué en la matière. Est-il général ? Décide-
t-il que le conjoint et les enfants n'auront jamais
voix délibérative ? Ou bien, au contraire, leur retire-
t-il ce droit uniquement lorsqu'ils ont provoqué l'interdiction ? La première interprétation est celle de
Locré (2) et de Toullier ; leur principal argument est
l'article 8 du projet du Code, qui portait que les
époux et enfants admis au conseil de famille n'y
auraient pas voix délibérative encore qu'ils ne fussent pas les provocateurs de l'interdiction (3). Et à

(1) Dall., Bordeaux, juillet 1845 ; Lyon, juillet 1853.
(2) Locré, III ; Toullier, II, 1322.
(3) Locré, *Leg.*, t. VII.

l'appui ils invoquent les convenances qui doivent interdire aux époux ou enfants la discussion de pareilles questions, et le danger qu'il y aurait à voir un conseil composé uniquement d'enfants du *de cujus.* Les arguments sont d'un grand poids, surtout ceux qui se rapportent à la discussion du Code, et plusieurs arrêts sont venus appuyer cette interprétation; certains l'ont même poussée assez loin pour que, d'après l'expression « *pourrait y être admis,* » ils aient reconnu valable des délibérations de conseils de famille auxquelles les conjoints ou les enfants n'avaient pas été appelés (1). (Colmar, juillet 1836; Paris, février 1814, etc.)

L'opinion contraire semble cependant prévaloir actuellement (2). On fait observer combien est formel l'article 494 : pour la formation du conseil de famille on doit suivre les règles du titre des Tutelles, qui veut que les plus proches parents soient appelés au conseil. Le conjoint est le premier des alliés puisqu'il produit l'alliance; les enfants sont les parents les plus rapprochés. L'article 495 a pour but d'exclure ceux qui ont fait la demande, et il pose immédiatement une restriction à sa règle au profit du conjoint et des enfants; c'est le sens obvie. Et l'autre interprétation, qui trouve la présence du conjoint ou de l'enfant immorale, nous semble fort étrange. Elle autoriserait ainsi des collatéraux à décider de l'état mental d'une personne sous l'avis de ses plus

(1) Dalloz, V° *Interdiction*, 75.
(2) Aubry et Rau, I, 125, Demolombe. VIII, 500; Laurent, V, 265.

proches, de ceux qui sont le mieux à même d'apprécier !

La jurisprudence semble s'être ralliée à cet avis, et un arrêt de la Cour de Paris (15 juin 1857) (1) décide dans ce sens en matière de conseil judiciaire.

Le conseil est tenu de donner son avis sur l'état du *de cujus* ; là se borne son rôle, et la Cour de Cassation a décidé que ce n'était pas une décision judiciaire mais un simple avis (2). De là nous concluons qu'il ne saurait y avoir recours contre cet avis. Il peut y avoir cependant recours pour vice de formes dans les délibérations; mais comme aucune n'est prescrite à peine de nullité, le tribunal a plein pouvoir en la matière (3). L'avis du conseil de famille ne lie en aucune façon le tribunal; mais il ne saurait, en aucun cas, prononcer la nomination du conseil sans avoir consulté le conseil de famille.

Le défendeur, d'après l'article 496, doit être interrogé ; nous avons vu que ce point faisait doute dans l'ancien Droit; certains auteurs ont continué à élever ces doutes, malgré l'article formel du Code. On a prétendu que ce n'était pas une formalité nécessaire pour le prodigue, et un arrêt d'Agen, du 18 février 1841, a même rejeté le moyen de nullité, tiré de l'absence de cet interrogatoire. Dans le même arrêt a encore été rejeté comme moyens l'absence de pièces dans la requête, et l'irrégularité dans la délibération du conseil de famille. Ces deux dernières

(1) Dalloz, 1858.
(2) Dall., 5 avril 1864.
(3) Dall., 2 août 1860, Cass.

articulations, d'après l'avis de la plupart des auteurs, ne doivent pas, dans le cas où le jugement a été sainement rendu, infirmer son autorité; mais le manque d'interrogatoire parut, à juste titre, à la Cour de Cassation, un vice absolu; l'arrêt fut cassé le 26 janvier 1848. Nous ne saurions nous rallier à l'avis de M. Laurent (1), qui ne voit aucun motif à l'interrogatoire du prodigue. C'est là surtout que le magistrat pourra se convaincre de l'état mental du prétendu prodigue, là que celui-ci pourra raisonner les motifs de ses dépenses. A-t-il affaire à une famille qui ne soit pas à même d'en saisir le but, il trouvera dans le magistrat une intelligence éclairée, à qui il pourra, par exemple, communiquer ses projets, si, comme le cas s'est souvent présenté, il est un inventeur incompris. C'est dans la chambre du conseil que l'interrogatoire a lieu; le tribunal entier y prend part et le magistrat du ministère public doit être présent.

Le Code de Procédure ordonne que la requête et l'avis du conseil de famille soient signifiés au défendeur (art. 893) avant l'interrogatoire; est-il nécessaire que le jugement ordonnant cet interrogatoire lui soit signifié? L'article 893 n'en faisant pas mention, on est d'avis qu'il ne doit pas l'être.

Dans le cas où l'interrogatoire aurait eu lieu dans la salle d'audience, la cour de Besançon (2) a décidé qu'il n'y a pas nullité.

Conseil provisoire. — D'après l'article 497, il

---

(1) Laurent, V, 347.
(2) Dall., V° *Interdiction,* n° 92.

peut être nommé un conseil provisoire (1). La question de savoir si le jugement doit être rendu en
chambre du conseil, a été implicitement décidée par
la loi du 30 juin 1838 sur les aliénés, qui dit que la
nomination aura lieu en chambre du conseil, en
vertu de l'article 497 (2). Ses fonctions cessent à la
nomination du conseil judiciaire, ou au jugement
qui déclare qu'il n'y a pas lieu.

Enquête. — D'après l'article 893 du Code de Procédure, il peut être procédé à une enquête si les
pièces produites et l'interrogatoire sont insuffisants.
Un arrêt de la Cour de Toulouse (3) l'a déclarée
obligatoire, si le défendeur la demande. Cependant
cette solution est critiquable devant les termes de la
loi qui déclare l'enquête facultative. Ce sont les
règles ordinaires de l'enquête qui doivent être sui-
vies; mais l'article 893 établit l'exception suivante :
« Il pourra ordonner, si les circonstances l'exigent,
que l'enquête sera faite hors de la présence du défendeur; mais, dans ce cas, son conseil pourra le repré-
senter. » Nous croyons que cette disposition vise
surtout l'interdiction des aliénés, et nous croyons
que son application serait peu juste dans notre matière, le prodigue étant toujours à même de fournir
des explications.

Jugement. — L'audience doit être publique, les
parties entendues et appelées (art. 498), le ministère
public doit conclure (art. 515). En cas de rejet de la
demande, le demandeur pourra être condamné à

(1) Caen, 28 juin 1827, Dall.
(2) Cass., février 1856, Dall.
(3) Dall., V° *Interdiction*, n° 100.

des dommages-intérêts. Les créanciers peuvent-ils
intervenir dans l'instance et former tierce opposition? On ne peut l'admettre; c'est l'état d'une personne qui est discuté, et elle est la seule en cause; la
question est jugée à l'égard de tous, et nul ne peut
intervenir au débat comme intéressé. Les deux parties ont droit à l'appel, de même le ministère public
lorsqu'il est partie. Mais l'article 894 du Code de
Procédure déroge au Droit commun en permettant à
tout membre du conseil de famille de poursuivre
l'appel, alors même qu'il ne soit pas partie. La dérogation est d'autant plus forte que les alliés faisant
partie de ce conseil n'auraient pas eu capacité pour
intenter l'action (1). L'article 135 du Code de Procédure, qui traite de l'exécution provisoire des jugements, ne mentionne pas la nomination du conseil
judiciaire; il dit simplement : « De tuteurs, curateurs ou autres administrateurs... » Le conseil n'est
pas, à proprement parler, un administrateur, et en
s'attachant à la rigueur de l'article on pourrait penser que le législateur n'a pas songé à lui. Nous
n'avons pas trouvé cependant de traces de difficultés à cet égard dans la jurisprudence. La Cour
pourra, d'après l'article 500, procéder à un nouvel
interrogatoire.

La voie de l'opposition est aussi ouverte dans le
cas de jugement par défaut (2); mais elle ne fait pas
tomber la nomination du conseil. Le jugement doit
être, d'après l'article 501, levé, signifié à partie, et

(1) Cass., 20 janvier 1875, Dall.
(2) Dall., V° *Interd.*, 135; Rouen, 17 mars 1875.

inscrit dans les dix jours sur les tableaux qui doivent être affichés dans la salle de l'auditoire et les études des notaires de l'arrondissement. Malheureusement, cet article ne dit pas à ce sujet si le jugement n'a d'effet à l'égard des tiers qu'à partir de l'instant où il a été ainsi rendu public? La jurisprudence est divisée à ce sujet. La Cour de Cassation (1) a décidé que le jugement n'était opposable aux tiers qu'à partir du moment où il avait reçu la publicité requise par la loi, malgré l'avis de Merlin, procureur général. Un arrêt de la Cour de Turin (janvier 1810) (2) décida dans le même sens. Cependant, tel n'est pas l'avis de la majorité des auteurs (3). Ils font observer, avec Merlin, que la loi n'a pu faire dépendre une question d'état de la publicité de certains actes; l'article 502 décide que les incapacités datent de la prononciation du jugement. Comment prétendre mettre ces incapacités à la discrétion des demandeurs chargés des formalités de publicité? Cependant, en admettant cette opinion, nous ne pouvons la pousser jusqu'à conclure à l'inutilité de la publicité; « en la prescrivant, dit M. Laurent (4), les auteurs du Code ont entendu réserver aux tiers une action en dommages-intérêts contre ceux qui seraient chargés de remplir ces formalités et qui négligeraient de le faire. »

(1) Sirey, 1811, I, 5.
(2) Dall., V° *Interdict.*, 204.
(3) Demolombe, VIII, 550. — Aubry et Rau, I, p. 517. — Cass., 6 juillet 1868, applique même aux jugements rendus à l'étranger.
(4) Laurent, V, 283.

C'est le sens d'un arrêt de la Cour de Montpellier
(1er juillet 1840) (1), qui dit en propres termes que
la publication d'un jugement portant nomination
d'un conseil judiciaire n'a jamais été considérée
comme une formalité substantielle dont l'omission
pût faire considérer l'interdiction comme non-ave-
nue (2).

C'est à la diligence du demandeur que le jugement doit être affiché; d'après le décret du 16 février 1807 (art. 175), copie doit être remise au
secrétaire de la chambre des notaires, qui en donne
récépissé; à partir de ce moment, la responsabilité
du demandeur cesse (Toulouse, 1820) (3). Le décret
de 1807 exige encore l'insertion dans un journal
judiciaire (art. 92, § 29); mais cette formalité n'est
mise à la charge de personne, et ce règlement ne
saurait imposer d'obligation aux parties. Quant aux
actes passés avant les dix jours, on ne peut en
rendre personne responsable; nous les avons reconnus nuls; les tiers sont donc exposés à être lésés,
mais il faut remarquer que c'est dans une limite
assez étroite, qu'ils auront généralement connaissance du jugement, grâce à sa publicité ordinaire,
et que les obligations excessives seront seules re-
scindées, cas dans lequel les tiers sont peu à plaindre.

L'on ne doit pas attendre, pour publier le jugement, que les délais d'appel soient passés; ce serait

(1) Dall., V° *Interdict.*, 296.
(2) Dans le cas de jugement par défaut maintenu par un second,
l'incapacité date du jugement par défaut.
(3) Dall., V° *Interd.*, n° 131.

trop dangereux pour les tiers, et d'ailleurs l'article 501 est formel (1).

Le conseil doit toujours être désigné par un jugement, et de là le nom de *judiciaire*. Pas de conseil testamentaire ni légitime. Cependant, la Cour de Nancy (2) sembla admettre que, de même qu'il est tuteur légal de sa femme interdite, le mari était son conseil légal. Mais nous avons déjà vu combien était contraire à la doctrine cette jurisprudence. L'analogie ne peut exister dans ce cas et le mari serait trop à même d'exploiter la prodigalité de sa femme. C'est, en réalité, souvent contre lui que le conseil sera donné. Et puis, que peut-il être question d'un conseil *légal* quand la loi est muette? La nomination n'est pas confiée au conseil de famille, bien qu'un arrêt de la Cour de Riom (1825) (3) l'autorise; cet arrêt est isolé, et il a même été jugé que lorsque le prodigue intentait une action contre son curateur, c'était au Tribunal à nommer le curateur *ad hoc* (4). Maintenant, pourquoi le Code refuse-t-il ce droit? pourquoi choisir de préférence un étranger à la famille, ainsi que l'a jugé la Cour d'Amiens (5)? Les motifs que l'on peut alléguer seraient aussi justes pour le cas de l'interdiction. Nous croyons qu'en cela nos législateurs ont suivi la routine des Parlements qui désignaient de préfé-

(1) Angers, 3 août 1866.
(2) Dall., V° *Interd.*, 251.
(3) Dall., V° *Interd.*, 256.
(4) Dall., V° *Interd.*, 276.
(5) Demolombe, VIII, 709.

rence, pour conseiller le prodigue, un avocat versé
dans la science du Droit.

Nous ne saurions admettre que la femme fût
nommée conseil de son mari. Il n'en est pas, dans
notre espèce, comme dans le cas de l'interdiction ;
le mari conserve sa puissance maritale, de là des
incompatibilités trop fortes (1).

Les fonctions de conseil sont-elles obligatoires ?
La question est fort délicate et très-contestée.

D'une part, Demolombe (2) s'appuyant sur l'ancienne jurisprudence, qui n'a jamais considéré ces
fonctions comme obligatoires, sur le silence du
Code, qui ne les a pas assimilées à celles de tuteur
ou de curateur, et ne leur a jamais appliqué les
règles concernant ces dernières, soutient que la
fonction de conseil n'est qu'un simple mandat non
obligatoire et dont on peut, par conséquent, se
démettre librement.

D'autre part, la jurisprudence semble s'être af-
firmée en sens contraire (3), et cette opinion est
énergiquement soutenue par M. Laurent (4). La
nomination du conseil judiciaire est pour eux une
mesure d'ordre public ; c'est la justice qui confère
solennellement ce mandat et non le prodigue. La
justice ne peut mettre ce dernier à la merci d'un
conseil qui peut abdiquer à volonté ses fonctions.
La Cour de Rennes dit que le conseil judiciaire n'est
qu'une sorte de tutelle infligée; le conseil est donc

(1) Dall., 16 janvier 1861, Saumur.
(2) Demolombe, VIII, 710.
(3) Dall., V° *Interd.*, 281 ; Nancy, 25 novembre 1868.
(4) Laurent, V, 350.

tout à fait assimilable au curateur du mineur.

Il nous paraît que cette dernière opinion est la plus logique, mais la plus difficile à justifier devant le silence du Code.

Divers arrêts décident que le conseil ne peut refuser ses fonctions, à moins de raisons très-sérieuses dont l'appréciation est remise au Tribunal. De même les tribunaux se sont reconnu le droit de le révoquer pour refus obstiné (1).

Peut-on nommer plusieurs conseils? Certains auteurs (2) l'admettraient volontiers, à l'exemple du Droit romain, qui n'était pas opposé à la pluralité des curateurs. Mais Demolombe fait remarquer très-justement que le mot *un conseil* exclut cette idée. Une fois la liberté accordée, où serait la limite et à quel nombre s'arrêter? Mais, dans le cas où les intérêts du prodigue se trouveraient en contradiction avec ceux de son conseil, le Tribunal aurait naturellement le droit de nommer un conseil *ad hoc;* c'est, pour le conseil en titre, non-seulement un droit, mais un devoir de requérir cette nomination (3).

(1) Cass., 12 août 1868, Dall.
(2) Toullier, II, 1365-77.
(3) Dijon, 13 novembre 1866; Paris, 30 avril 1870.

II. Condition du prodigue pourvu d'un conseil judiciaire. — Fonctions du conseil judiciaire. — Appen-
dice. — Actes pour lesquels l'assistance du conseil
est nécessaire. — Actes que le prodigue peut faire
seul. — De la nullité des actes pour lesquels l'assistance du conseil est requise lorsqu'ils sont faits par
le prodigue seul.

I

FONCTIONS DU CONSEIL JUDICIAIRE

La situation du prodigue ou de toute autre personne pourvue d'un conseil judiciaire, n'est point
assimilable à celle de l'interdit ou de toute autre
personne en tutelle ou en curatelle.

Nous entrons de plain-pied dans une législation
nouvelle, et il nous sera facile de relever à chaque
instant les profondes différences qui séparent les
idées du Code de celles des lois romaines.

Nous avons fait ressortir en étudiant celles-ci leur
caractère dominant, c'est-à-dire leur raison d'être :
la protection de la famille contre le prodigue; leur
but qui est surtout la conservation de ses biens pour
ses proches. Ici, au contraire, nous nous trouvons
en face de mesures d'une toute autre nature. Voilà

une intelligence où la raison fait défaut, l'État vient à son secours et tout en lui laissant l'administration de ses biens, la complète en quelque sorte en l'obligeant seulement à prendre l'avis d'une personne raisonnable. C'est un enfant que l'on laisse marcher, mais que l'on soutient avec des lisières.

Le conseil n'a aucune action propre; il ne fait qu'assister, il ne représente pas la personne de son client. Il semble que ses fonctions soient celles du tuteur romain interposant son *auctoritas* dans les actes accomplis par le pupille. Chose étrange, ne dirait-on pas que depuis cette vieille loi des Douze-Tables les proportions aient été renversées? A Rome, nous trouvons à l'origine des tuteurs, qui ne gèrent pas et se contentent d'assister leur pupille dans les contrats solennels, dont la principale fonction est *augere personam,* et à côté des curateurs qui, au contraire, prennent en leur propre nom la gestion des biens de l'interdit, mais ne le doivent point assister dans les actes solennels. Dans notre Code, au contraire, le tuteur est un administrateur dans toute la force du terme, et le conseil judiciaire, qui a supplanté l'ancien curateur du prodigue, a une fonction qui pourrait être encore définie par l'expression : *Augere personam.*

L'article 513 est, en effet, absolument limitatif, et l'article 897 du Code de Procédure prend soin de nous dire que le jugement sera affiché dans les termes de cet article 513. Il est limitatif dans les deux sens, car les magistrats ne sauraient non plus restreindre les fonctions à certains actes.

Toute autre intervention dans les affaires du prodigue ne serait plus de la part du conseil qu'un acte de gestion dont il serait responsable à titre de man- dataire ou de gérant d'affaires. Et dans le cas où la reddition de ses comptes susciterait quelque diffi- culté un conseil *ad hoc* devrait être nommé au pro- digue (1).

L'expression d'*assistance* employée dans l'ar- ticle 513 implique une idée différente de celle que pourrait donner le mot *conseil*. Il semblerait, d'a- près cette dernière expression, que le rôle du con- seil se bornât à un simple avis; une signature, par exemple, ou une autorisation écrite au bas des actes faits par le prodigue. Telle est l'opinion de M. Du- ranton (2), mais le mot *assistance* implique un con- cours plus actif, et Demolombe assimile très-jus- tement cette obligation à celle du tuteur romain, qui était tenu à être *præsens in ipso negotio* (3). Dans les instances judiciaires, le prodigue et son conseil figurent toujours conjointement sur tous les actes, ceux qui seraient faits par l'un des deux isolément seraient considérés comme nuls. Une simple autori- sation de plaider ne saurait tenir lieu de cette assis- tance (Besançon) (4).

Quant aux actes extra-judiciaires, la pratique a admis les idées de M. Duranton, et M. Demolombe, tout en protestant, se soumet aux principes passés dans l'habitude (5). Toutefois, il pose des restric-

(1) Dall, 1866, 5, 262.
(2) Duranton. t. III, 806.
(3) Cass., 26 février 1876, Dall.
(4) Dall., janvier 1851.
(5) Demol., VIII, 756; Aubry et Rau, I, 140.

tions à cette trop large liberté. L'acte d'autorisation doit préciser la nature et les clauses du contrat approuvé, auquel il doit être annexé; mais, malgré ces précautions, nous pensons, avec Laurent (1), que c'est outre-passer la loi que de l'interpréter avec une pareille largeur; jamais cette autorisation ne pourra correspondre au mot d'*assistance*. Comme le fait justement remarquer cet auteur, ce n'est pas la même chose d'indiquer à l'avance les clauses d'un acte ou d'y assister. Dans le second cas, ou peut les modifier jusqu'au dernier moment si l'on découvre quelque nouvelle clause utile.

A plus forte raison, devons-nous réprouver, avec la Cour de Cassation, la décision de la Cour de Paris (2), qui approuvait un acte par lequel son conseil autorisait un prodigue à faire partie d'une société. On ne saurait concevoir cette assistance pour des actes futurs. La conclusion rigoureuse tirée de ces principes par les auteurs (3) est que, bien que le prodigue ait le droit de commercer, en fait il sera dans l'impossibilité étant obligé d'avoir recours à son conseil pour l'autorisation de chaque acte. Cette conséquence est excessive, et il serait heureux que quelque réglementation nouvelle vînt résoudre cette insoluble difficulté. Pourtant, le conseil judiciaire étant une sorte de punition infligée au prodigue, il n'y a pas à s'étonner que la loi se montre plus scrupuleuse à son égard, et ne le

(1) Laurent, V, 351.
(2) Dall., Cass., 3 décembre 1850.
(3) Demolombe, VIII, 761 ; Laurent, V, 351.

traite pas comme le mineur émancipé et la femme mariée dont la raison n'est pas suspectée.

Le conseil ne saurait approuver un acte fait à son profit, alors que l'intérêt ne naîtrait même pour lui qu'après l'accomplissement du contrat (1); l'acte antérieur serait déclaré nul.

Nous avons vu qu'un conseil *ad hoc* devait être nommé dans ce cas.

Passons rapidement sur un arrêt de la Cour de Paris signalé dans Dalloz (2), et qui autorisait le conseil à agir seul au nom de son *pupille.* Cet arrêt est seul de son espèce, et contraire à la doctrine et à la jurisprudence; il fut réformé par la Cour de Cassation (3). Mais dans le cas où le prodigue se refuserait à agir pour demander la nullité d'actes conclus sans l'assistance du conseil, ce dernier ne peut-il pas agir seul? Non, dit encore la doctrine; ce serait outre-passer ses droits; jamais cette initiative ne lui a été conférée; le prodigue soumis à son conseil n'est pas un interdit. Le danger paraît grave, et la Cour de Paris soutenait que dans ce cas la loi n'atteindrait pas son but, la conduite du prodigue pourrait, en effet, ne pas changer; il pourrait contracter quelque obligation que ce soit et se refuser à l'attaquer (4).

On a cherché à tourner la difficulté : S'il s'agit d'une demande en justice, a-t-on dit, le conseil doit être mis en cause, et, dès lors, il est partie dans

(1) Dall , Cass., juin 1860.
(2) Dall., V° *Interd.*, 303,
(3) *Ibid*
(4) Demolombe, VIII, 764.

l'affaire et peut employer tous les moyens de défense ou de recours. Atteint par un premier jugement par défaut, il pourra faire opposition et continuer en son nom. Et la jurisprudence a adopté cette solution (1). Mais Laurent fait remarquer (2) combien est fausse cette attribution de la qualité de partie au conseil : assister dans un acte n'implique aucunement le droit de le prendre à sa charge ; il n'est considéré comme partie dans aucun des contrats ordinaires qu'il autorise ; pour si nécessaire que soit la solution de la jurisprudence, elle ne manque pas moins de fondement (3). Mais dans le second cas s'il s'agit, non de défendre, mais d'attaquer, les auteurs sont unanimes : au prodigue seul revient ce droit. Et dans ce sens les tribunaux ont même refusé au conseil le droit de faire des actes conservatoires en son nom (4).

Dans l'hypothèse contraire, si nous avons affaire à un conseil qui refuse son assistance, le tribunal peut-il autoriser le prodigue à se passer d'autorisation pour accomplir l'acte ? La jurisprudence ne l'a pas admis, malgré l'avis de quelques auteurs. Les fonctions de conseil ne se suppléent pas, en effet, et un tribunal, qui peut accorder une autorisation comme lorsqu'il supplée à celle du mari, ne saurait prétendre à assister le prodigue dans un acte (5). Mais quelle sera alors la solution ? La jurisprudence

(1) Dall., V° *Interd.*, 303.
(2) Laurent, V, 353.
(3) Dall., Paris, 23 août 1865.
(4) Dall., Douai, juin 1855.
(5) Dall., Orléans, mai 1847 ; Besançon, janvier 1851.

a admis qu'en pareil cas le prodigue doit appeler
son conseil devant le tribunal et obtenir sa révocation ou la nomination d'un conseil *ad hoc*. Laurent (1), par un respect de la loi qui va jusqu'au
scrupule, dénie aux tribunaux ce droit de révoquer
le conseil, qui ne leur est concédé, en effet, nulle
part; il ne reconnaît ce pouvoir que lorsqu'un refus
perpétuel indique chez le conseil la ferme résolution
de ne pas remplir ses fonctions. Les droits du prodigue se borneraient à une action en responsabilité
contre son conseil. Mais nous ne voyons pas la nécessité d'imposer cette poursuite au prodigue, pour
une interprétation judaïque de la loi ou plutôt de
son silence. Le droit de révocation nous paraît bien
plus dans l'esprit général de la législation (2).

N'ayant pas de gestion le conseil n'est pas comptable. Mais a-t-il quelque responsabilité ? Nous
trouvons ici une grande indécision chez les auteurs,
de même que pour la responsabilité du curateur
donnée au mineur émancipé. Pour Toullier (3) la
responsabilité est tout simplement celle de la personne qui donne un conseil; elle n'est responsable
que dans le cas où il est frauduleux. Pour Demolombe (4), cela dépendra des circonstances; sa
mission gratuite le met à l'abri de bien des soup-
çons, mais il peut être responsable, d'après le droit
commun, et les articles 1382 et 1383 devront lui
être appliqués, non-seulement pour son dol, mais

(1) *Loc. cit.*
(2) Dall., V° *Interd.*, 303 ; Cass , août 1868.
(3) Toullier, II, 1377.
(4) Demol., VIII, 779.

pour ses fautes. Mais Laurent fait remarquer combien la théorie de Toullier est peu fondée ; certainement la loi est muette ; mais doit-on conclure de son silence à l'absence de responsabilité ? L'assistance du conseil est un acte très-sérieux ; la refuse-t-il ou l'accorde-t-il mal à propos, les conséquences en sont étrangement graves. Peut-on, comme M. Demolombe, réduire au cas de dol la responsabilité ? Mais la qualité de conseil est un mandat légal, ses fonctions sont à peu près les mêmes que celles du curateur du mineur émancipé, et, pour celui-ci, Laurent n'hésite pas à lui reconnaître une responsabilité assimilable, au moins en partie, à celle du tuteur. Ce n'est pas pour lui une question de fait et d'appréciation ; c'est une question de droit. Nous ne croyons pas cependant qu'en l'absence de toute disposition de la loi on puisse admettre la doctrine de Laurent, et nous croyons avec Demolombe que les articles 1382-83 sont suffisants.

APPENDICE

I

DU CAS DANS LEQUEL LA PERSONNE POURVUE D'UN CONSEIL JUDICIAIRE EST MARIÉE

Avant de passer à l'étude des incapacités de la personne pourvue d'un conseil judiciaire, notre attention doit se fixer sur un cas spécial et très-remarquable. C'est celui dans lequel le *de cujus* est une personne mariée.

Lorsqu'il s'agit de la femme, la situation habituelle des époux continue; leur contrat n'est pas changé, et le mari conserve son autorité. Est-il conseil? Il assiste aux actes que la femme pouvait faire sans son autorisation, et il autorise les autres par son assistance même, car l'un implique l'autre. Pour le cas où la femme est commerçante, et où une seule autorisation suffirait, son assistance devra pourtant être requise pour chaque acte en particulier. Dans le cas où il n'est pas nommé conseil, il conserve pourtant son autorité (1). L'autorisation maritale sera toujours exigée pour les cas indiqués par la loi, et le conseil devra y joindre son assistance lorsqu'elle est nécessaire.

Mais le cas se présentera où le mari autorisera, alors que le conseil refusera son assistance. C'est là qu'est utile cette distinction entre les deux qualités,

(1) Dall., Paris, novembre 1863.

et le conseil peut souvent employer efficacement sa situation à empêcher l'exploitation de la femme prodigue par le mari. Mais au cas de refus non légitimé, c'est au tribunal que la femme devra avoir recours ; nous avons admis plus haut cette opinion, bien que Laurent la combatte avec énergie (1). Elle aurait également recours à la justice dans le cas où le mari ne voudrait pas autoriser un acte que le conseil veut assister.

Dans le cas où c'est le mari qui est pourvu d'un conseil la situation est plus délicate ; certainement il conserve son autorité maritale et paternelle. Il gère les biens suivant que son contrat de mariage l'y autorise. Et, dans ce cas, si la femme avait à redouter quelque danger, elle devrait se faire séparer de biens par la justice.

Quant aux actes que le mari ne peut faire sans l'assistance de son conseil, la loi ne dit pas s'il peut autoriser sa femme à les accomplir. M. Duranton (2), interprétant le silence du Code dans le sens le plus large, veut, bien que ce soit contraire à la logique, que le mari puisse habiliter tous les actes de sa femme. Mais cependant cette opinion n'a pas été admise : elle paraît trop illogique dès le premier abord, et il serait vraiment absurde de voir le mari autoriser des actes qu'il est lui-même incapable d'accomplir. C'est pourquoi la jurisprudence a étendu au prodigue les règles concernant l'interdit.

Mais à qui reconnaître le droit d'autoriser : au

(1) Laurent, V, 356.
(2) Duranton, II, n° 506.

mari, assisté de son conseil, ou à la justice? Ici nous sommes en présence d'un dissentiment absolu entre les auteurs; les uns font observer que l'autorisation devient parfaitement possible au mari avec l'assistance de son conseil; celle-ci lui rend, en effet, toute sa capacité. L'article 222 ne prononce que le mot d'interdit, et il n'est pas permis de pousser l'assimilation aussi loin (1). La puissance maritale est d'ordre public, et ce serait outre-passer les droits des juges que de leur conférer ce pouvoir dans un cas qui n'est pas directement prévu. Le mari est capable parfaitement, et pleinement capable avec l'assistance de son conseil.

M. Demolombe (2) fait remarquer que l'autorisation par la justice est bien plus dans l'esprit du Code. L'article 222 emploie l'expression d'interdit; mais on applique au prodigue pourvu d'un conseil l'article 442, où la même expression est employée.

La situation dans notre cas est tout à fait analogue à celle du mineur émancipé, prévue par l'article 224. L'idée du Code est bien là : un mari incapable d'autoriser sa femme, ne peut être habilité par un tiers; cette ingestion du tuteur, curateur ou conseil dans le ménage, est inadmissible; c'est à la justice à suppléer l'incapable, et non à son conseil à le compléter.

(1) Laurent, III, 132.
(2) Demolombe, IV, 226.

II

DES ACTES POUR LESQUELS L'ASSISTANCE DU CONSEIL
JUDICIAIRE EST NÉCESSAIRE

« Il faut bien se garder, disent Aubry et Rau (1),
de compléter l'interprétation des articles 499 et 513
à l'aide des dispositions qui régissent la capacité du
mineur émancipé. » Telle est la base générale de leur
interprétation, et elle ressort nettement de l'ensemble
du Code; c'est dans le titre de la Majorité qu'est
placé notre article; le prodigue n'est pas compris
dans l'énumération des incapalbes de l'article 1125.
Les incapacités indiquées sont donc des exceptions,
strictement limitées à une capacité générale, qui est
la règle. Le point de vue est tout différent pour le
mineur émancipé; au lieu d'un capable, dont on
restreint les droits, nous avons un incapable auquel
on concède une partie des pouvoirs dont il jouira
bientôt intégralement.

L'article 513 est donc limitatif dans son énumération, et son interprétation doit donc être des plus
rigoureuses.

Nous avons vu, en traitant de la nomination du
conseil, que l'incapacité datait du jour du jugement;
que l'arrêt n'est pas suspensif, c'est-à-dire que, s'il
confirme le jugement, l'incapacité datera de la prononciation du jugement (2); de même dans le cas de

(1) Aubry et Rau, I, 440.
(2) Dall., Angers, août 1866.

jugement par défaut; si un second intervient le con-
firmant, c'est encore du premier que date l'incapacité (1).

Nous avons vu également que le manque de publicité n'influait pas sur la capacité.

Le premier acte interdit au prodigue, c'est de
plaider sans l'assistance de son conseil. Celui-ci est
donc considéré comme *partie* dans les affaires, et
doit figurer à ce titre dans l'assignation (2).

Cette doctrine, adoptée par la jurisprudence (3),
permet, nous l'avons vu, au conseil de poursuivre
à lui seul la nullité des actes faits par le prodigue
quand il est assigné en payement conjointement avec
le prodigue (4). Nous avons déjà observé combien
nous paraissait excessive cette qualité de partie
donnée à un conseil qui n'est tenu qu'à donner
assistance, et, de fait, il a été jugé qu'une instance
n'était pas nulle alors que le conseil n'était intervenu que durant son cours, et dans le cas le conseil
n'était même intervenu qu'après jugement de première instance (5).

La sévérité de la loi est absolue; elle ne distingue
aucune action, comme le fait l'article 482 pour le
mineur, ni si le prodigue a qualité de demandeur
ou défendeur. Il semble que notre législation
redoute autant que l'ancienne l'attrait du palais
pour les prodigues (6). Les conséquences sont par-

(1) Dall., Cass., juillet 1868.
(2) Dall., Cass., février 1876.
(3) Dall., Cass., décembre 1841.
(4) Dall., V° *Interd.*, 303.
(5) Dall., Paris, décembre 1861.
(6) Merlin, V° *Prodigue*.

9

fois rigoureuses, comme lorsqu'elles contraignent le
prodigue·marié à ne pouvoir plaider en séparation
sans assistance (1); celui qui désire se marier, à ne
pouvoir obtenir mainlevée d'une opposition sans
cette assistance (2).

Une seule exception a été faite par la Cour de
Cassation (3); c'est dans le cas d'une demande en
interdiction ou pour l'appel de la sentence qui a
interdit. La raison donnée par la Cour est que dans
ce cas la loi a pris des précautions qui rendent superflue la présence du conseil (4).

Le principe est aussi appliqué pour les voies de
recours : opposition, appel et pourvoi en cassation.
Mais nous avons déjà trouvé un arrêt tenant pour
valable une procédure dans laquelle le conseil
n'était intervenu qu'après appel interjeté. L'approbation du conseil valide donc rétroactivement tous
les premiers faits de l'instance.

D'ailleurs, l'incapacité du prodigue n'est pas telle
qu'il soit permis de dire que l'action intentée par
lui seul sera reconnue nulle si la partie adverse
argue de cette incapacité (5). La Cour de Poitiers a
consacré cette opinion en reconnaissant à un prodigue le droit d'interjeter appel. Elle a considéré
ce fait comme un acte conservatoire que le prodigue
avait le droit d'accomplir, quitte à faire approuver
l'instance par son conseil.

(1) Dall., Limoges, juin 1856.
(2) Paris, 23 octobre 1869.
(3) Dall., mars 1858. Lyon, 8 juin 1872.
(4) Aubry et Rau, I, 140.
(5) Dall., Poitiers, 7 août 1867.

La qualité de prodigue opposée par l'adversaire est donc une fin de non-recevoir.

Cette décision est très-juste, car dans le cas d'absence ou de tout empêchement du conseil, il ne faut pas que le prodigue en souffre, et son action est bien en pareil cas un acte conservatoire, ainsi que l'a défini la Cour de Poitiers.

Transiger.

La défense de transiger est rigoureuse; elle est commune au prodigue et au mineur émancipé. Cette défense emporte celle de compromettre. Le Code de Procédure (1003) dit que l'on peut compromettre, lorsqu'on a la libre disposition de ses droits, et tel n'est pas notre cas. La loi considère le pouvoir de compromettre comme plus périlleux que celui de transiger (1389), puisque, pour le mandataire, ce droit-ci n'implique pas le premier. Nous joindrons à ces droits ceux d'acquiescer à un jugement ou de se désister, ainsi que l'a décidé la Cour de Cassation (1). Nous comprenons ces actes sous le titre de *transactions*, puisque nous avons vu que la défense de plaider n'étant pas considérée comme assez rigoureuse pour que l'on interdise absolument au prodigue d'*ester* en justice. Les deux mots se complètent l'un l'autre.

Emprunter.

C'est évidemment l'acte le plus dangereux pour le prodigue, et auquel il sera le plus naturellement

(1) Dall, 6 novembre 1867.

enclin. Mais le danger réel, en pareil cas, n'est pas dans l'emprunt direct, il est bien plus dans toutes les ressources qu'emploiera le *de cujus* pour déguiser ce contrat. C'est ce à quoi veille principalement la jurisprudence. Il a été jugé dans ce sens par la Cour de Rennes et la Cour de Cassation (1), qu'un bail consenti pour neuf ans, avec payement anticipé de deux années, était un emprunt déguisé. (Cass., 5 août 1840 (2). De même, la Cour de Caen a décidé que négocier un effet de commerce constituait un acte de prodigalité (3). Et la Cour de Cassation a décidé, dans un arrêt qui fait loi en la matière (4), que le prodigue ne pouvait souscrire une lettre de change, c'est-à-dire un engagement d'une nature commerciale. Si, dans l'administration de ses biens, il en souscrit une, elle n'a de valeur que comme obligation civile et ne permet pas de le traduire devant la justice consulaire. Nous verrons, en traitant des actes d'administration du prodigue, dans quelle limite il lui est permis de s'obliger.

Recevoir un capital mobilier et en donner décharge.

Le mineur émancipé est également frappé de cette incapacité. Le but de cette interdiction est d'empêcher la dissipation de ses capitaux; mais, pour y aboutir, il faut, comme corollaire de cette déci-

(1) Dall , V° *Interdit*.
(2) Tribunal de la Seine, 1873.
(3) Dall., *ibid*.
(4) Dall., 1er août 1860.

sion, exiger que le conseil en surveille le placement. Grave conséquence et qui crée une sérieuse responsabilité pour le conseil qui s'ingère ainsi dans l'administration des biens du prodigue. Pour Demolombe (1), la question ne fait pas de doute, bien que Rolland de Villargue (2) fasse observer que l'article 482 impose ce devoir au curateur du mineur émancipé, tandis que l'article 513 n'en parle pas. Le silence du texte ne doit pas faire cependant conclure à une absurdité, et on ne peut admettre, de la part du législateur une pareille demi-mesure (3).

Aliéner et hypothéquer.

De l'avis de tous, cette prohibition est évidemment absolue en ce qui concerne les immeubles. Elle s'étend aux droits de servitude, usufruit, amphythéose et superficie. Elle doit même atteindre l'antichrèse (4).

Mais en ce qui concerne les meubles, nous trouvons une divergence entre les auteurs. Pour Demolombe (5), les meubles corporels ne sauraient entrer dans cette prohibition; l'ancienne législation était conçue dans ce sens. D'ailleurs, le Code le fait implicitement comprendre, puisqu'il fait suivre immédiatement le mot *aliéner* du mot *hypothéquer*, ce qui prouve bien qu'il s'agit d'immeubles. La néces-

(1) Demolombe, VIII, 726.
(2) *Répert. du notariat*, V° *Cons. jud.*, 36.
(3) Caen, 6 mai 1850. Dall., Paris, 31 janvier 1876.
(4) Paris, 10 mars 1854, Dall.
(5) Demolombe, VIII, 123.

sité de l'assistance du conseil pour la réception des capitaux mobiliers indique bien que la loi n'entend pas édicter d'autres prohibitions à leur sujet. Cette opinion est partagée par Ducaurroy (1) et Zachariæ.

Mais Laurent s'élève contre cette interprétation. L'article 484 dit que le mineur ne peut aliéner ses *immeubles* ; au contraire, l'article 513 dit, dans la généralité de ses termes, *aliéner*. Pourquoi distinguer entre les meubles et immeubles, alors que l'on n'admet aucune interprétation élargissant les autres termes de l'article ? Quant à l'argument résultant de l'adjonction des mots : *ni grever d'hypothèques,* il ne repose sur aucune base. S'il est dans la tradition juridique d'attacher moins de valeur aux meubles qu'aux immeubles, la question n'est pas là ; dans notre cas, il s'agit de savoir si le prodigue a l'intelligence suffisante pour *aliéner*. Y a-t-il lieu de faire une différence entre l'aliénation d'un meuble ou d'un immeuble, et la capacité ne doit-elle pas être la même pour les deux cas ? On veut empêcher le prodigue de se ruiner ; doit-on lui interdire de dévorer sa fortune immobilière et l'autoriser à consommer celle qui est mobilière ? Mais, aussi, ne pousse-t-on pas la conséquence jusque-là et s'arrête-t-on aux meubles corporels. Pourquoi ? Cette distinction n'est-elle pas des plus arbitraires ? Et l'auteur est d'avis de ne faire aucune concession ; les actes d'administration seuls sont autorisés. On objecte que, pour les meubles de peu de valeur, l'aurisation est superflue ; mais qui appréciera la valeur ?

(1) Ducaurroy, Iª, 729.

Le prodigue? Nous retombons dans un cercle vicieux. Et un arrêt de la Cour de Montpellier (1) dit : Dans la généralité de ses termes, l'article 521 comprend toute aliénation de meubles ou d'immeubles (2).

L'expression d'*aliéner* comprend les aliénations indirectes aussi bien que les directes, c'est-à-dire qu'il est interdit au prodigue, non-seulement de vendre, d'échanger, etc., mais encore de contracter des obligations personnelles qui donneraient aux créanciers le droit de faire vendre ses biens. Cette voie d'exécution est donc interdite, par certains auteurs et par des arrêts, aux créanciers (3) avec lesquels le prodigue a contracté sans l'assistance de son conseil. Il ne saurait cependant être question des obligations créées par ses délits ou quasi-délits. (Art. 1310, 1382.)

La défense générale d'aliéner comprend aussi bien les actes à titre gratuit que ceux à titre onéreux.

Nous ne nous arrêterons pas au testament. L'expression d'aliénation est impropre dans ce cas. Le testateur ne perd rien, il n'aliène rien ; il dispose pour une époque où ses biens auront cessé de lui appartenir.

D'ailleurs l'ingérence du conseil dans un acte pareil serait un criant abus. Il est cependant probable que le même dérangement d'esprit qui se manifeste dans la conduite laissera des traces dans le testament. Et Batbie cite un testament dans lequel

---

(1) Dall., V° *Interd.*, 296.
(2) Aubry et Rau, I, 140.
(3) Dijon, 22 novembre 1867.

un prodigue frustrait sa famille de tout son héritage, précisément parce qu'on lui avait nommé un
conseil judiciaire. Quel que soit le danger de cette
liberté elle ne saurait être refusée. La question sera
réglée par l'article 901.

La donation entre-vifs est un des actes qu'il faut
comprendre dans l'expression aliéner, bien que l'article 217, dans son énumération, dise que la femme
mariée ne peut *donner, aliéner* et semble ainsi
appliquer plus spécialement le terme d'*aliéner* aux
contrats à titre onéreux. Mais ce serait une interprétation judaïque, et, comme le fait remarquer
Demolombe, le sens strict d'aliéner est : *Rem suam
alienam facere.* D'ailleurs, en la matière, l'acte
évidemment le plus dangereux pour le prodigue est
précisément cette donation à laquelle il sera si naturellement entraîné.

Toute donation irrévocable doit tomber sous le
coup de cette interdiction ; quant à la donation de
biens à venir, une difficulté s'est élevée ; ce n'est pas
une aliénation, puisque le donateur ne se dépouille
actuellement d'aucune partie de ses biens ; l'institution contractuelle ne peut être qualifiée de donation ;
les héritiers seuls sont dépouillés ; elle rentrerait
plutôt dans la catégorie des testaments qui, nous
l'avons vu, sont parfaitement permis aux prodigues.
Les autorités qui appuient cette doctrine sont nombreuses et comptent parmi elles la Cour de Cassation elle-même (1). Mais, cependant, cette opinion

(1) Duranton, III, 300 ; Rodière et Pont, I, 45 ; Cass., 24 décembre 1856.

n'a pu passer dans la jurisprudence, et la Cour,
devant laquelle avait été renvoyée l'affaire, décida
dans le même sens que la Cour de Bordeaux, dont
l'arrêt avait été cassé. Il est certain, en effet, que,
bien que le donateur de biens à venir ne se dépouille pas présentement de ses biens et conserve le
pouvoir d'en disposer à titre onéreux, il perd cependant une partie de ses droits, puisque, aux termes
de l'article 1083, la donation est irrévocable; le
donateur ne peut plus disposer, à titre gratuit, des
objets compris dans la donation. Dès lors, il peut
arriver aux plus graves conséquences et même se
trouver dans l'impossibilité de doter ses enfants. Il
y a donc une partie de la propriété qui a disparu,
et l'expression d'*aliéner* est bien juste. N'est-ce
pas, d'ailleurs, le plus dangereux de tous les contrats pour le prodigue, l'homme qui ne songe pas à
l'avenir? Il ne perd rien, présentement; ces biens ils
continue d'en jouir, et il ne se préoccupera pas de
la nécessité qui peut survenir, dans un avenir plus
ou moins lointain, d'user de ces fonds pour un autre
but. Et c'est précisément là ce que prétend interdire
la parenté qui requiert la nomination du conseil;
peu lui importe le mode qu'emploiera le prodigue
pour disperser sa fortune. C'est aussi le but de la
loi quand elle désigne les parents comme personnes
capables de poursuivre cette nomination (1).

Mais si la question a été si chaudement discutée,
c'est qu'elle se lie à d'autres intérêts et à un autre

(1) Pau, 31 juillet 1855; Agen, 21 juillet 1857. Dall.

sujet de controverses très-ardentes; nous voulons parler des conventions matrimoniales.

Les opinions sont on ne peut plus divisées à ce sujet.

Le droit qu'a le prodigue de se marier est incontesté; s'ensuit-il qu'il ait aussi le droit de faire seul son contrat de mariage?

Nous ne le lui reconnaîtrons que dans le seul cas où ce contrat stipulerait la séparation de biens, car alors il ne contient aucune aliénation.

Mais telle n'est pas l'opinion de M. Troplong (1); il s'appuie sur le vieux brocard : *Habilis ad nuptias habilis ad pacta nuptialia,* et la Cour de Cassation a reproduit cet argument (2). Il est étrange de voir la Cour suprême s'appuyer sur de vieilles maximes que le Code n'a pas reproduites, et qui ne sont pas dans son esprit. L'article 1398 nous fait voir, en effet, le mineur capable de contracter mariage, mais ayant besoin d'un secours pour passer le contrat. Voilà donc bien une personne *habilis ad nuptias,* et qui n'a pas la capacité de contracter. En sens inverse, le fils de famille majeur ne peut se marier sans l'autorisation de ses parents; il a, au contraire, plein pouvoir pour contracter. Le mariage est régi par des principes d'ordre public; le contrat qui intervient à propos de lui est, au contraire, régi par les lois qui concernent les biens (3). Le titre du *contrat de mariage,* qui contient une mention spéciale pour le mineur, n'en contient pas

(1) Troplong, *Contrat de mariage,* I, 297.
(2) Cass., 24 décembre 1856, Dall.
(3) Laurent, V, 366.

pour la personne pourvue d'un conseil judiciaire.
Qu'en conclure? Que nous restons dans le droit
commun.

Mais M. Troplong, et la Cour de Cassation avec
lui, apportent un second argument : le prodigue, en
se mariant, établit sur tous ses biens l'hypothèque
légale de sa femme; dès lors, voilà une première
exception à l'article 513, qui donne le droit de dire
qu'en cette question l'on doit accorder toute latitude. Ce raisonnement ne saurait être pris en considération; l'hypothèque légale ne résulte pas de la
convention des parties. Pas plus le débiteur que le
créancier ne les peuvent modifier : « De ce que la
loi crée une hypothèque, on conclut que le prodigue
peut donner (1)! » De ce que la loi garantit un incapable, en en conclut qu'il faut enlever sa protection
à un incapable !

Quant aux considérations morales qu'apportent
les partisans de cette doctrine, nous ne saurions
davantage les admettre. Il ne faut pas confondre,
dit la Cour de Cassation, les intérêts matériels ordinaires avec les conventions matrimoniales, il serait
abusif de voir le conseil s'immiscer dans celles-ci.
La loi doit favoriser le mariage, et il y a connexité
trop intime entre le contrat et l'acte pour qu'elle
n'élargisse pas le pouvoir du prodigue. Les conventions matrimoniales ne sauraient tomber si le mariage reste debout. Il ne faut point séparer ces deux
actes, investir des collatéraux avides du droit de
venir troubler l'union indissoluble des deux époux,

(1) Laurent, loc cit.

et rompre les conventions pécuniaires qui régissent leur fortune. Le seul moyen que l'on doive leur confier, c'est l'opposition au mariage. Sans nul doute, cette union existe bien; mais doit-on la pousser jusqu'aux extrêmes limites? Le contrat n'est pas d'ordre public, comme le mariage lui-même, et la Cour de Cassation a elle-même reconnu la *nullité* de conventions contraires à l'article 1398 (1).

Autre argument : il faut laisser la plus grande liberté en tout ce qui touche au mariage ; la volonté des époux doit être à l'abri de toute influence. Mais l'article 1398 n'est-il pas là, et ce qui est bon pour un cas ne peut-il l'être pour l'autre? Le choix de la personne est entièrement remis au prodigue. Mais, si l'on objecte que les conventions pécuniaires peuvent influer sur la décision, nous dirons que c'est précisément le point délicat de la question ; c'est sur celui-là que nous nous basons pour repousser la liberté absolue du prodigue. Joignez au penchant naturel à la dépense l'entraînement de la passion, et ce contrat deviendra le plus dangereux pour les propres intérêts du prodigue.

Et nous ne saurions concevoir une autre manière de penser. Eh quoi! on l'entoure d'incapacité pour les contrats ordinaires, et celui-là, d'une gravité particulière, dans lequel mille embûches lui peuvent être dressées, où il s'agit de toute sa fortune, il pourrait le contracter en toute liberté (2)! Nous ne saurions donc admettre un contrat où fut faite une

(1) Cass., 5 mars 1855.
(1) *Recue pratique*, Valabrègue, 1867.

aliénation, soit mobilière, soit immobilière, sans l'assistance du conseil. Le seul, avons-nous dit, que nous admettions comme pouvant être fait par le prodigue non assisté est celui qui établirait la séparation de biens (1).

Mais une grave difficulté s'élève pour le cas où il n'y aurait pas de contrat; quel est le régime sous lequel serait marié le prodigue? La réponse de la loi est absolue : le régime de droit commun est la communauté. Mais elle implique l'aliénation des meubles présents et futurs. Doit-on conclure qu'en l'absence de contrat le régime qui sera adopté ne pourra être la communauté légale? Demolombe (2) est de cet avis, et déclare que ce sera le régime de séparation de biens; Demante veut que ce soit la communauté d'acquêts. La communauté légale ne résulte pas de la loi, d'après Demolombe, mais d'une convention tacite des époux qui s'y soumettent; or, le prodigue ne peut acquiescer à cette convention, qui est une aliénation.

La plupart des auteurs se rangent à l'avis contraire (3); en effet, ce contrat tacite existe bien en réalité, mais c'est une fiction légale; il faudrait, pour admettre un autre régime, une autre fiction légale qui n'existe pas. Et en son absence, il faut se soumettre aux termes de la loi.

Les donations mutuelles doivent rentrer dans la catégorie des aliénations interdites dans les con-

(1) Aubry et Rau, I ; Demolombe, VIII, 739 ; Marcadé, II, 513 ; Valette sur Proudhon, II.

(2) Demol., VIII.

(3) Aubry et Rau, t. I, 440.

trats faits sans assistance du curateur (1). Cependant certains arrêts les ont considérées comme l'accomplissement d'un devoir et comme n'étant qu'une sorte de disposition testamentaire, et les ont autorisées (2).

Quant aux donations faites entre-vifs par le prodigue à son conjoint pendant le mariage, il y a lieu de douter, vu le caractère de révocabilité absolue de ces sortes de libéralités. Demolombe n'hésite pourtant pas à les proscrire.

Nous appliquerons le même principe à toute sorte de donation, même la constitution de dot qui a bien le caractère absolu de libéralité (3). Mais divers arrêts élargissant le cadre des capacités ont reconnu la validité de donations faites pour constitution de dot aux enfants ou à titre rémunératoire. Ces libéralités sont considérées comme des devoirs dans ces divers cas (4). L'un des arrêts est surtout excessif, car il s'agit d'une rente viagère dont la constitution entraîne hypothèque.

Restent certains actes non compris dans l'énumération du Code, et au sujet desquels de graves difficultés se sont élevées, à raison même de leur nature.

Le prodigue peut-il accepter une succession ? Chose étrange : nous avons constaté, en Droit romain, qu'un acte de cette importance était hors des pouvoirs du curateur, et que dès lors, à défaut de réglementation, on devait admettre que le pro-

---

(1) Amiens, 21 juillet 1852.
(2) Paris, 12 décembre 1835.
(3) Montpellier, 1er juin 1840.
(4) Pau, 25 juin 106. Paris, 12 décembre 1835.

digue avait la *factio testamenti passiva,* sauf pour
le testament *per æs et libram.* La situation est la
même en Droit français; aucun texte de loi ne règle-
mente la matière; faut-il en conclure que le prodigue a cette capacité? Un arrêt de la Cour de Douai
a décidé dans ce sens (1), et nous ne voyons pas, en
effet, sur quel article pourrait être appuyée une opinion contraire. La doctrine proteste cependant, et
la raison avec elle. Mais il faudrait soutenir que le
prodigue doit s'en tenir à la *pure administration*
de ses biens, et c'est ce qui n'est dit nulle part.

Le partage qui suit l'acceptation de la succession donne lieu à la même difficulté; ici encore un
arrêt (2) est venu décider qu'en l'absence d'un texte,
ce droit ne pouvait être refusé au prodigue. Il a été
vivement critiqué par divers auteurs (3), qui, se
basant sur le droit des cohéritiers qui est *totum in
toto,* soutiennent que le copartageant aliène, et dès
lors qu'il doit être assisté de son curateur. Cependant, il est bien admis que le partage n'est pas une
aliénation, et cela par l'unanimité des auteurs.

Mais, dit-on, le copartageant reçoit-il un capital
mobilier, il doit, d'après l'article 513, être assisté.
L'article ne porte pas, car dans le même membre
de phrase, il est dit : Pour en donner décharge.
Or, dans le cas, il n'y pas décharge à donner, puisqu'il est déjà saisi. Demolombe déplore les conséquences de cet arrêt (4); mais il faut reconnaître

(1) Dall., 30 juin 1855, Douai.
(2) Dall., Rouen, 19 avril 1847.
(3) Carré, quest. 2507, II°. Chauveau sur Carré.
(4) Demolombe, VIII, 301.

qu'il y a une lacune dans la législation qu'il n'est pas permis de combler.

III

DES ACTES QUE LE PRODIGUE PEUT FAIRE SEUL

1° *Droits politiques et civiques.*

Les biens seuls de la personne à qui est nommé un conseil judiciaire sont visés par cette nomination, qui n'a pour but que leur conservation. Le prodigue n'est pas, comme l'interdit, frappé d'incapacité.

Il conserve donc ses droits politiques et civiques; il peut, par exemple, être témoin instrumentaire (1).

Une loi du 21 novembre 1872 (art. 2, § 12) lui retire cependant le droit d'être juré, et un arrêt récent de la Cour de Cassation (2) a, dans cette circonstance, reconnu comme incapable d'être juré une personne pourvue de conseil judiciaire par un jugement rendu par défaut, sanctionnant ainsi une opinion que nous avons soutenue plus haut.

Cette loi nouvelle marque une modification bien sensible dans l'opinion publique au sujet du prodigue. Elle est remarquable en cela qu'aucun autre emploi public ne lui est fermé. L'armée, par exemple, compte dans ses rangs des personnes pourvues de conseil, et dans l'état actuel rien ne s'opposerait à ce qu'un magistrat en fût pourvu. Cette loi mérite

(1) Dall., V° *Interd.*, 289.
(2) Cass , 4 juillet 1879.

donc d'être signalée comme une mesure sans précédent.

Jouissant de tous les droits civils qui ne lui sont pas refusés, le prodigue peut transférer son domicile à volonté, et les tribunaux ne lui peuvent retirer ce droit, bien qu'il puisse user de ce procédé pour se soustraire à la surveillance de son conseil (1). Il peut également contracter mariage sans l'assistance du conseil; cela n'a jamais fait de doute ni pour les auteurs ni pour la jurisprudence (2).

De là découle le droit de faire sans assistance les actes respectueux vis-à-vis de ses parents.

Pareillement, il peut se donner en adoption, adopter ou reconnaître un enfant naturel.

Toutes ces libertés peuvent évidemment entraîner de graves conséquences, mais il ne faut pas oublier que les incapacités sont de droit strict.

2° *Des actes d'administration que le prodigue peut faire seul.*

Les actes pour lesquels l'assistance du conseil est nécessaire étant énumérés dans l'article 513, nous devons en conclure que tous autres actes d'administration rentrent dans les pouvoirs du prodigue. Et d'abord il peut, suivant l'expression de Demolombe, *administrer* sa personne, c'est-à-dire embrasser la profession qu'il lui plaît, louer ses services ou son industrie, prendre un bail à

---

(1) Cass., 14 décembre 1840.
(2) Caen, 19 mars 1839.

ferme (1). Nous avons vu cependant, à propos de l'assistance nécessaire du conseil, que le droit d'exercer un commerce lui était refusé. Mais Demolombe fait remarquer, et avec raison, que les tiers doivent en agir prudemment avec le prodigue pour tous ces actes; car s'ils ont en eux-mêmes le caractère d'actes de pure administration, beaucoup de circonstances le peuvent modifier et en faire des actes pour lesquels l'assistance est requise.

Dans l'administration de ses biens, les pouvoirs du prodigue sont ceux des administrateurs ordinaires, à part la restriction faite par le Code pour la réception des capitaux mobiliers.

Les actes conservatoires sont au nombre de ceux qu'il peut accomplir, et la Cour de Poitiers a jugé que l'appel était même un acte rentrant dans cette catégorie; nous avons rappelé plus haut cet arrêt, qui a reconnu l'appel comme valable, à la condition que le conseil apportât au prodigue son assistance au cours de l'instance.

Le prodigue pourra donner ses biens à bail; mais il faut apporter à cette mesure les restrictions du Code, qui considère les baux de plus de neuf ans comme actes excédant les pouvoirs des simples administrateurs. Il ne pourra donc consentir que des baux de neuf ans; ceux qui seraient fixés pour une durée plus longue seraient, non pas annulés, mais restreints à cette durée (2).

(1) Un arrêt de la Cour de Paris, 22 mars 1865, a décidé que le prodigue, homme de lettres, pouvait conclure des traités relatifs à ses œuvres sans l'assistance de son conseil.

(2) Art. 1429, 1430, 1718.

Toucher ses revenus, loyers, fermages, intérêts, arrérages de rentes, et les employer comme il lui plaît. Vendre ses fruits et denrées. Louer lui-même un appartement ou prendre à bail un domaine, louer des domestiques, enfin faire pour son entretien ou celui de ses biens les dépenses qu'il lui convient sur l'argent de ses revenus.

Mais il faut remarquer avec M. Demolombe (1) qu'on ne peut en conclure que la personne pourvue d'un conseil ne s'engage que sur ses revenus. Si, au contraire, les engagements qu'il a contracté sont de la nature de ceux qu'il a le droit de faire, c'est-à-dire dans la limite de son administration, le tiers qui a traité avec lui se trouve dans la situation d'un créancier ordinaire, c'est-à-dire qu'il a pour gage tous les biens meubles et immeubles de son débiteur. (Art. 2092.)

Cette question offre un grand intérêt dans le cas de grosses réparations faites par le prodigue à ses propriétés.

Duranton (2) veut qu'il puisse traiter pour les réparations utiles à ses propriétés. Mais il est bon d'observer que ces réparations portent quelquefois très-justement l'épithète de *grosses,* et ne peuvent se solder qu'à l'aide des capitaux. Rien de plus juste que d'accorder au prodigue des pouvoirs très-étendus dans l'administration de ses biens; mais l'article 513 doit fournir une limite infranchissable, et dès que ces réparations seront de nature à ne

(1) Demolombe, VIII, 744.
(2) Duranton, III, 799.

pouvoir être soldées qu'au prix de capitaux, nous croyons qu'elles requièrent l'assistance du conseil.

D'ailleurs l'esprit de la loi est là ; c'est toute dépense exagérée qui est interdite au prodigue ; or, les travaux de ce genre ne sont que trop souvent un des moyens favoris des prodigues pour gaspiller leur fortune.

Arrêtons-nous à quelques actes que des arrêts ont considéré comme étant permis au prodigue.

C'est d'abord la constitution d'une rente viagère consentie pour prix de services rendus (1); ce fait était regardé comme l'accomplissement d'un devoir. Mais nous nous sommes déjà élevé contre cette latitude accordée par la Cour au prodigue, qui pourrait ainsi grever ses biens d'une hypothèque, contrairement à un article de la loi formel.

Des lois *spéciales* (2) sur le transfert des rentes sur l'État ont déterminé un arrêt de la Cour de Cassation, d'après lequel si « il a été présenté : 1° un certificat notarié constatant qu'une personne est propriétaire d'une rente sur le Grand-Livre ; 2° un certificat délivré par un agent de change constatant l'identité du propriétaire de la rente et du signataire », le transfert du titre peut être valablement opéré, et le Trésor ne peut être rendu responsable envers le vendeur sur le fondement que ce dernier, qui était pourvu d'un conseil judiciaire au temps du transfert, a agi sans l'autorisation de ce conseil. »

Voilà une bien large porte ouverte au prodigue

---

(1) Paris, 12 décembre 1835.
(2) Arrêté du 27 prairial an X, art. 13; Dall., 8 août 1827.

pour tourner les prescriptions de la loi, et l'intérêt
général peut ici causer un grave préjudice à celui
des particuliers.

Si, pour ce cas, nous sommes obligé de dire *dura
lex sed lex,* nous ne pouvons admettre les conséquences tirées de l'article 513 par la Cour de Paris (1); elle a admis que le prodigue a capacité pour
contracter, avec l'assistance de son conseil, une
société de commerce, même en nom collectif. Nous
avons déjà vu les auteurs refuser au prodigue, non
la liberté, mais la possibilité de faire le commerce,
à cause de la nécessité de l'assistance du conseil
dans chaque affaire. On ne peut admettre cette assistance faite *in futurum.* Et la suite de l'arrêt fait
bien voir à quelles graves conséquences l'ont peut
aboutir quand il continue en ces termes : En conséquence, il peut être déclaré en faillite, si cette société cesse ses payements, encore que pour prévenir
cette faillite du prodigue, il aurait été stipulé dans
l'acte de société que toutes les affaires seraient
faites au comptant, une telle clause étant sans effet
à l'égard des tiers. Il n'est pas de meilleure dé-
monstration de l'erreur profonde énoncée dans la
première partie de l'arrêt que la seconde partie.
L'on voit à quels périls le conseil expose celui qu'il
doit assister en lui accordant cette autorisation de
contracter une société de commerce.

Enfin, Ducaurroy enseigne que la personne pourvue de conseil pourrait seule, et sans assistance,
transférer ses rentes sur l'État et ses actions de la

(1) Dall., Paris, 12 août 1848.

Banque au-dessous de 50 francs. Cette décision est
basée sur l'assimilation indiquée par le Tribunat
entre le mineur émancipé et la personne pourvue
du conseil judiciaire.

Mais Demolombe (1) repousse avec raison cette
conséquence, en contradiction formelle avec l'article 513.

3° *De la validité de ces actes.*

Les actes que nous venons de reconnaître comme
entrant dans les limites de la capacité du prodigue,
doit-on les déclarer absolument valables, ou admettre le droit pour les tribunaux de discuter leur validité dans une certaine limite ?

A part les restrictions de l'article 513, nulle part
nous ne trouvons dans le Code un article permettant de douter de la capacité absolue du prodigue.
Pour tous les actes non désignés dans cet article il
est majeur ; ses contrats doivent-ils être traités
comme ceux des majeurs ?

Les tribunaux n'ont jamais varié et se sont toujours arrogé le droit, lorsque devant eux un prodigue était poursuivi par un créancier, de discuter
la valeur de l'engagement en vertu duquel il était
poursuivi. En un mot, l'article 484, bien que n'étant
jamais invoqué en la matière, est cependant généralement appliqué, tantôt pour quelques-unes de
ses dispositions, tantôt pour toutes.

Demolombe (2) est fort d'avis de reconnaître ce

(1) Demolombe, VIII, 727.
(2) Demolombe, VIII, 748.

droit à la justice : « Nous avouerons d'abord très-
franchement, dit-il, que nous aurions souhaité que
l'on étendit au prodigue pourvu d'un conseil les
dispositions du second alinéa de l'article 484. »
Pour apprécier la validité de certains actes passés
par le prodigue, il est d'avis que l'on doit tenir
compte de trois éléments combinés :

1° Du caractère absolu de l'acte; de son utilité
ou inutilité : sagesse ou extravagance;

2° De son caractère relatif, c'est-à-dire du rapport de l'acte avec la fortune du *de cujus;* tel acte
qui sera pour certain un acte de bonne administration, aura un tout autre caractère avec une autre
situation ;

3° Enfin, de la bonne et mauvaise foi des tiers.

Tout en regrettant donc que cet article 484 ne
soit pas applicable, Demolombe en conclut à ce
qu'on l'applique; c'est ce que fait la justice tous les
jours.

Un seul auteur, Laurent, dont nous avons déjà
eu plusieurs fois à noter l'attachement à l'interprétation stricte du texte de la loi, critique vivement la
solution de Demolombe et des tribunaux. Nous allons
le suivre dans l'examen qu'il passe des divers arrêts
conçus dans le sens de Demolombe.

La Cour d'Orléans (1) reconnut le droit pour le
prodigue de souscrire des billets à ordre pour le
payement d'achats destinés à son entretien. Rien de
plus juste, et ce mode de payement n'est pas un
emprunt déguisé; il doit donc être validé. Mais la

(1) Dall., Orléans, 9 juin 1853.

Cour ajoute qu'il le sera, s'il n'a rien de *suspect* ou
d'*exagéré*. Le mot de *suspect* est parfaitement juste,
car un pareil contrat pourrait dissimuler un emprunt, mais Laurent blâme l'expression d'*exagéré*.
Quel est le droit des magistrats à apprécier l'exagé-
ration d'un contrat passé par un capable dans les
limites de sa capacité? quel est l'article du Code
qui pourrait motiver une pareille décision? Mais la
Cour de Cassation est venue corroborer cette opinion, car, dans son arrêt de rejet du 3 avril 1855,
elle dit que le prodigue peut souscrire des engagements *dans la limite de ses besoins et ressources.*
Laurent repousse cette expression. Sur quel article
de loi s'appuie la Cour pour imposer cette limite
aux dépenses du prodigue? pour les restreindre au
besoin, si elles lui paraissent excessives?

Les conventions forment une loi pour les tribunaux; le juge ne peut pas plus les réduire que les
augmenter, à moins d'un texte formel. Or, il n'y en
a qu'un, c'est l'article 484, et on se garde bien de
l'invoquer, car ses termes seraient la condamnation
de cette jurisprudence. Dans un autre arrêt du
1er août 1860, la Cour déclare qu'une lettre de
change, souscrite par le prodigue pourvu d'un
conseil, n'est valable, comme obligation civile, que
s'il est reconnu qu'elle a été souscrite pour subvenir
à son entretien, si elle est en rapport avec sa situation pécuniaire et proportionnée à ses besoins. Et
si ces engagements n'avaient rien d'excessif, ils
n'en seraient pas moins annulés dans le cas où il
serait prouvé qu'ils n'ont pas profité. Voilà l'assimilation complète avec le mineur, qui n'est res-

ponsable que dans la limite de son enrichissement.

Et la Cour de Paris (1) reproduit, ainsi que le fait remarquer Laurent, presque absolument les termes de l'article 484, quand elle dit qu'il lui appartient le droit de tenir compte de la bonne foi des fournisseurs et de la nature des engagements.

Donc, pour la jurisprudence et les auteurs, le prodigue est passé de l'état de capable à celui d'incapable. M. Valette le dit implicitement dans son *Explication sommaire du Livre premier,* lorsqu'il prétend que l'article 484 devra forcément, par voie d'analogie complète, s'appliquer aux personnes soumises à un conseil judiciaire. La Cour de Paris dit : Les engagements pourront être *validés.* Ils ne sont donc pas valables en principe? le prodigue est donc incapable de contracter?

N'est-ce pas une contradiction flagrante de l'article 513? L'article 1125 place le mineur parmi les incapables en général; mais l'assimilation que l'on fait du prodigue est tout à fait illégale; ce n'est plus de l'interprétation, c'est une nouvelle législation que les Cours introduisent.

Nous venons de reproduire, dans tous leurs détails, les arguments de Laurent, et ils nous semblent, en effet, probants. C'est une chose regrettable de voir les tribunaux suivre les auteurs dans les interprétations qu'ils font du Code *ex œquœ et bono.*

Mais il nous semble très-remarquable et très-digne d'être signalé ce penchant de l'opinion pu-

(1) Paris, 23 novembre 1844.

blique à remettre le prodigue en curatelle. Les
législateurs du Code ne voyaient pas bien nettement, croyons-nous, la portée absolue des dispositions qu'ils prenaient; d'ailleurs, toutes les opinions
étaient représentées au sein du Conseil d'État, et
chacun peut aller chercher des arguments dans le
compte rendu des discussions. Certainement, l'on a
pu dire, en général, que l'interdit devait être assimilé à la personne en tutelle, et l'individu pourvu
d'un conseil au mineur émancipé; mais quand dans
l'étude des textes on en trouve d'aussi opposés que
les articles 484 et 513 l'interprétation va trop loin
lorsqu'elle foule aux pieds l'un des deux pour suivre
son assimilation jusqu'au bout.

Notons, cependant, que dans ses critiques Laurent
adresse un reproche à M. Demolombe, assez à tort
à notre avis; la difficulté est au sujet des grosses
réparations : « Sont-elles des actes de conservation
ou d'administration, demande Laurent, oui, dans ce
cas, elles doivent être permises, et il n'y a pas à
tenir compte de leur prix ni de la partie de la fortune, capital ou revenu, sur lequel elles seront im-
putées. »

Ici l'auteur nous semble, à son tour, négliger
l'article 513. L'expression de l'article est assez
claire pour ne pas donner lieu à discussion, ce semble; où Laurent trouve-t-il l'autorisation absolue
de faire tous actes conservatoires ou d'entretien?
Les grosses réparations sont précédées d'un devis;
l'architecte le présente; il dépasse le montant des
revenus du prodigue; il faudra faire appel aux capitaux pour le solder; l'article 513 n'est-il pas là

pour obliger le prodigue à recourir à l'assistance de son conseil?

A notre avis, toutes ces difficultés dans l'interprétation proviennent de l'union malheureuse des articles 499 et 513. Dans tous les ouvrages, les deux conditions de faible d'esprit et de prodigue sont étudiées conjointement, de même que la loi leur applique les mêmes dispositions. Là est la solution des difficultés; à côté du faible d'esprit, dont l'infirmité est redoutable dans tous les contrats, dont l'intelligence bornée saisira difficilement la portée de ses engagements, il y a le prodigue, homme apte à tous les actes que sa monomanie ne rend pas dangereux. Celui-là mérite d'être mieux traité par la loi et ses interprètes : une fois ses capitaux à l'abri, sa situation sauvegardée, il n'y a pas de motifs à réviser tous les contrats qu'il passe.

La loi le défend, et la raison ne l'ordonne pas.

Ces obligations, contractées dans la limite des pouvoirs reconnus au prodigue, étant donc assimilables à celles que contractent les capables, ont-elles, comme celles-ci, pour gage, la fortune mobilière et immobilière du prodigue? (Art. 2092 et 2093.)

Ici la doctrine se sépare de la jurisprudence.

Un arrêt de la Cour de Dijon (1) dit en propres termes que l'article 513 refusant au prodigue le droit d'hypothéquer ses biens sans l'autorisation de son tuteur, il infirme les articles 2092 et 2093, de manière que leur seul gage est dans les revenus du prodigue, les autres biens étant considérés comme

(1) Dall , 22 novembre 1867.

inaliénables. Et que dès lors le jugement qui con-
damne le prodigue à payer ne saurait emporter
l'hypothèque judiciaire de l'article 2123. Les conséquences, dit l'arrêt, ne sauraient être injustes, les
tiers ayant connaissance de la position du *de cujus*.
Mais la majorité des auteurs repousse cette interprétation (1).

Le principe de la loi est absolu ; il est vrai que
les incapables font exception ; sans doute, ils ne
sauraient obliger leurs biens pas plus que s'obliger
eux-mêmes ; mais c'est précisément là qu'est la difficulté, d'un côté, et la solution de l'autre. Encore
une fois, il faut reconnaître que l'individu pourvu
d'un conseil judiciaire est capable dans les limites
que lui assigne le Code. Dès lors leurs engagements
doivent entraîner les mêmes effets que tous ceux
qui sont formés par les capables ordinaires. Mais,
objecte l'arrêt, c'est reconnaître simplement un
moyen de tourner la loi ; ce droit que l'on refuse
d'accorder au prodigue explicitement, on l'autorise
à le prendre implicitement ; il pourra donc aliéner
ou hypothéquer, grâce à ce détour. Non, l'on ne
viole pas la loi ; car, puisqu'elle accorde le droit de
faire certains actes, elle les soumet aux conséquences naturelles de ces actes. Il ne faut pas, sous pré-
texte de protéger un incapable, retirer toute protection de la loi aux tiers. Ils sont de bonne foi, leurs
contrats sont dans les limites imposées par la loi ;
pour une raison ou pour une autre, ils ne peuvent
être payés avec les revenus ; doit-on frustrer ces

(1) Demolomb', VIII, 716 ; Aubry et Rau, I, 160.

créanciers de bonne foi, alors surtout que le prodigue, d'après l'opinion de la jurisprudence, n'est
responsable que dans les limites de son enrichissement? Il est vrai de dire que nous semblons tourner
dans un cercle vicieux : ou les engagements n'excèdent pas les revenus, et alors à quoi bon l'hypothèque? ou ils les excèdent, et alors ils sont illégaux.
La solution est cependant aisée ; il est bien des circonstances qui pourront amener la disparition d'une
partie des revenus du prodigue et rendre le payement d'obligations contractées, dans les limites de
la loi, absolument impossible autrement que sur les
capitaux.

IV. — *De la nullité des actes pour lesquels l'assistance est requise, lorsqu'ils sont faits par le
prodigue seul.*

Passons aux actes pour lesquels la loi ordonne
l'assistance du conseil. Faits dans les conditions
requises par la loi, ils rentrent dans la catégorie des
actes ordinaires. Mais lorsqu'ils ont été accomplis
par le prodigue seul, que devons-nous décider? Il
n'y a pas d'article spécial dans notre cas, l'article 502 ne parlant que du faible d'esprit. Mais devant
l'identité des cas, les auteurs n'hésitent pas à appliquer le même principe, et à décider que l'acte fait
par le prodigue, sans l'assistance de son conseil, est
nul de droit. Il n'y a pas, en effet, lieu de distinguer entre les divers motifs qui ont fait nommer le
conseil; d'ailleurs, c'est tout à fait la ligne du Code
qui applique un même principe à toutes les incapa-

cités personnelles : femme mariée, interdit ou mineur.

Il y a donc lieu à appliquer les articles 1125, 1304, 1312 et 1338.

Il y a donc nullité de droit pour ces actes; elle peut être invoquée devant les tribunaux, sans que le plaignant ait à alléguer, ou mauvaise foi du tiers ou lési n.

Nou trouvons cependant, dans la longue liste des arrêts, quelques-uns qui n'ont pas adopté cette solution; ils sont généralement critiqués. Un arrêt de la Cour de Paris de 1833 (1) a reconnu comme valable un acte fait sans le concours du conseil, en se basant sur ce qu'il n'était pas nuisible aux intérêts du prodigue. La Cour de Metz (2) a rendu un arrêt à peu près dans le même genre, réclamant, pour prononcer la nullité, la preuve de la lésion, et arguant de l'inaction du conseil, qui avait connaissance du contrat. Nous avons vu, à cet égard, que le conseil était fort empêché pour s'opposer juridiquement à un acte du prodigue; c'est au tiers à profiter de la publicité du jugement. Quant à la question de lésion, les articles 1118, 1305 et suivants limitent exactement, en ne le confiant qu'au mineur, le droit de demander la rescission pour ce motif.

C'est, évidemment, un sentiment de justice qui a dicté ces deux arrêts, et les juges, entre la lettre et l'équité, ont préféré cette dernière. Nous ne concevons guère que M. Demolombe soutienne qu'en

---

(1) Dall., V° *Interd.*, 207.
(2) Metz, 21 mai 1817, Dall.

pareil cas il peut être question de la *Novelle* de l'empereur Léon; nous avons vu, à propos du Droit romain, combien ce monument avait peu de valeur juridique.

En conséquence du principe admis, nous appliquerons à l'action dont il s'agit les règles qui régissent les actions en nullité. Elle est relative, d'après l'article 1125, et ne peut être intentée que par le prodigue lui-même. Nous avons plus haut étudié les droits du conseil à propos des actes accomplis par le prodigue sans son assistance.

Elle doit être exercée par le prodigue dans les dix ans qui suivent la mainlevée du jugement. L'article 1304 doit être ici appliqué par analogie. Cet article, dit Demolombe (1), repose sur l'idée d'une sorte de ratification et de confirmation tacite, résultant du silence gardé, pendant dix ans, par la partie qui pouvait agir en nullité. Or, la même incapacité qui empêche le prodigue pourvu d'un conseil de contracter un engagement, s'oppose à ce qu'il le ratifie.

D'après l'article 1338 cette action peut être ratifiée ou confirmée après le délai de dix ans.

Lorsqu'elle a abouti à faire annuler l'engagement autrefois consenti par le prodigue, celui-ci ne peut être tenu à rembourser ce qu'il avait touché en vertu de cet engagement.

C'est l'article 1312 que nous appliquons, bien qu'au nombre des incapables il ne mentionne pas la personne pourvue d'un conseil judiciaire;

(1) Demolombe, VIII, 766.

mais l'assimilation est admise en la matière (1).

Toutefois, si le prodigue ne peut subir un préjudice, il ne peut non plus s'enrichir aux dépens des tiers. Dans le cas où il serait prouvé qu'il a tiré bénéfice de ce contrat, il doit en être tenu compte.

Cette nullité peut être couverte par le prodigue assisté de son conseil judiciaire. Mais nous ne saurions admettre une approbation postérieure du conseil qui viendrait couvrir les nullités de cet engagement. Nous avons assez insisté sur le sens du mot *assistance,* qui ne peut être confondu avec celui *d'approbation,* pour reconnaître dans ce cas, avec tous les auteurs, l'impossibilité de cette intervention postérieure au contrat (2).

L'application de l'article 503 aux actes antérieurs à la nomination du conseil judiciaire est repoussée par tous les auteurs. Les travaux préparatoires attestent, en effet, chez les législateurs (3) la préoccupation qui les a guidés dans la rédaction de cet article 503. Ils voulaient, en effet, limiter soigneusement son action aux cas d'interdiction seuls. En effet, la démence entraine avec elle une incapacité absolue et notoire. Mais il n'en est pas de même de la prodigalité; ce n'est que par le jugement que l'incapacité du prodigue est créée; en dehors de cela, ses actes ne décelant aucun dérangement d'esprit n'ont rien de suspect pour les tiers (4).

Quant aux actes passés pendant la litispendance,

---

(1) Dall., Vᵒ *Interd.*; Cass., 5 août 1840.
(2) Aubry et Rau, I, 139.
(3) Locré, t. III.
(4) Demolombe, VIII, 662; Paris, 9 février 1874, Dall.

Demolombe (1) rappelle qu'en Bretagne la Coutume
ordonnait la publication de l'instance, et, si elle
aboutissait, les actes passés depuis que l'affaire
avait été *bannie* étaient nuls.

Mais notre législation, dans un but qu'il était
facile de saisir, n'a prescrit aucune mesure de publicité pour l'instance. Dès lors, des tiers de très-
bonne foi peuvent être amenés à traiter pendant
l'instance, d'autant plus que le prodigue fera probablement tous ses efforts pour se procurer des
ressources au moment d'en être privé. La situation
de ces tiers doit être sauvegardée (2).

Mais, en pareille matière, de très-grandes précautions doivent être prises, et, si ces engagements
sont inattaquables d'après les articles spéciaux à la
matière, les règles de droit commun doivent être
appliquées avec une grande vigueur pour tout ce
qui est relatif au dol ou à la mauvaise foi des parties. Dans le cas où la personne qui a traité avec le
prodigue aurait connaissance de l'instance, les juges
admettront aisément des probabilités de fraude (3).

Remarquons avec Demolombe (4) que cette situation pourra être prévenue par la nomination d'un
curateur provisoire, autorisée par l'article 514 combiné avec l'article 497 (5).

Ces différentes solutions adoptées au sujet de la
validité des actes, suivant que leur date est anté-

(1) Demolombe, VIII, 772.
(2) Orléans, 25 août 1837.
(3) Cass., 30 juin 1868, Dall.
(4) Demolombe, VIII, 772.
(5) Caen, 28 juin 1827, Dall.

rieure ou postérieure au jugement, nous amènent à rechercher la manière dont sera vérifiée cette date. La question, ou le conçoit, est de la plus haute importance; elle n'est pas spéciale à notre matière et se présente aussi dans le cas d'interdiction.

Les actes authentiques ou enregistrés étant mis de côté, des discussions partagent la doctrine au sujet des actes sous-seing privé non enregistrés, billets à ordre ou lettres de change.

De graves difficultés se sont élevées à ce sujet, et la jurisprudence en porte l'empreinte. Dalloz cite trois opinions bien différentes, toutes appuyées par des arrêts.

D'une part, deux arrêts (1) veulent, prenant l'article 1322 au pied de la lettre, que l'on ne puisse opposer au tiers porteur de bonne foi le défaut de date certaine, lorsqu'une lettre de change porte une date antérieure au jugement nommant le conseil.

D'autre part, arguant de l'article 1328, d'autres arrêts considèrent le conseil comme un tiers à l'égard des personnes qui ont traité avec le prodigue, et lui reconnaissent le droit de demander l'annulation pour antidate ou simulation des lettres de change qu'il a signées (2).

Certains déclarent que tout engagement n'ayant pas date certaine doit être annulé et ne peut même former un commencement de preuve par écrit (3).

Enfin, dans un troisième sens, il a été décidé que

(1) Bourges, 4 janvier 1831 ; Paris, 20 avril 1831. Dall., V° In-terd., 220.
(2) Paris, 20 juin 1828, Dall.
(3) Cass., 9 juillet 1846 ; Amiens, 15 février 1823.

la date de l'acte sous-seing privé est réputée sincère
jusqu'à preuve du contraire; c'est au prodigue ou à
ses héritiers qu'incombe la preuve de l'antidate (1).
De même lorsqu'une lettre de change, acceptée par
une personne pourvue d'un conseil judiciaire, ne
porte pas la date de l'acceptation, c'est à celui qui
produit l'effet de prouver son antériorité au jugement (2). C'est l'opinion qui est actuellement domi-
nante dans la doctrine et la jurisprudence.

L'article 1322, parlant de la valeur de l'acte sous-
seing privé reconnu, ne veut pas dire que sa date
fait foi comme celle de l'acte authentique; aucun
officier public ne la garantit. Elle ne fait donc foi
que jusqu'à preuve du contraire. Nous n'hésitons
pas à repousser aussi la doctrine opposée qui veut
annuler tous les actes qui n'ont pas la garantie de
l'article 1328. La loi n'a, nulle part, posé ce pré-
cepte, et l'attribution de tiers donnée au conseil du
prodigue nous paraît fausse; nous avons déjà reconnu que son assistance ne lui donnait pas ce caractère, et surtout ne lui permettait pas d'intervenir
directement pour demander la nullité de l'obligation
du prodigue (3).

Il faut donc en revenir aux principes ordinaires et
appliquer l'article 1322, c'est-à-dire reconnaître à
l'acte sa valeur, jusqu'à preuve du contraire, de
l'antidate; cette preuve devra être faite par le prodigue : *reus excipiendo fit actor*. L'antidate, dit

(1) Cass., 17 mars 1831 ; Lyon, 2 novembre 1831 ; Cass.,
8 mars 1836; Orléans, 21 mars 1838.
(2) Orléans, 3 juillet 1835.
(3) Lyon, 2 novembre 1831.

l'arrêt de la Cour d'Orléans (1), constitue une fraude
qu'il est toujours permis de prouver par des pré-
somptions graves, précises et concordantes, ou sur
toute autre sorte de preuve dont l'appréciation est
laissée à l'arbitrage du juge.

Cette interprétation du juge doit être naturellement assez large, vu la difficulté qu'aura souvent le
prodigue à se procurer des preuves, en particulier
pour les obligations pour lesquelles la preuve par
écrit est requise. C'est dans ce sens que la Cour de
Cassation a décidé que l'inexactitude de la date prou-
vée, l'acte était réputé postérieure au jugement (2)

(1) 25 août 1837.
(2) Cass., 30 juin 1868, Dall.

III. — Mainlevée du jugement qui a nommé le conseil judiciaire.

C'est à la matière de l'interdiction que le Code nous renvoie encore pour nous faire connaitre les principes qui régissent la mainlevée du conseil judiciaire.

L'assistance à laquelle est soumise le prodigue ne cessera donc que de la même manière qu'elle lui a été imposée, c'est-à-dire par un jugement.

La demande en mainlevée sera instruite et jugée dans les mêmes formes que la demande en interdiction. (C. P., art. 896.)

La même marche doit donc être adoptée : Requête au président, communication au ministère public, nomination d'un rapporteur, communication au conseil de famille, interrogatoire, enquête, s'il y a lieu, puis jugement public rendu après conclusions du ministère public.

Laurent élève quelques difficultés pour savoir si l'article 512, en employant le terme de *formalités,* veut dire que les mêmes personnes qui pouvaient intenter la demande en interdiction et nomination du conseil peuvent aussi intenter la demande en mainlevée. Il est sûr que l'expression employée par la loi n'implique pas du tout cette idée ; cependant, le fait n'a jamais été discuté, et est admis unanimement par les auteurs et la jurisprudence.

Un seul doute s'est élevé pour savoir si l'assistance du conseil judiciaire était requise pour cette action. Demolombe (1) n'hésite pas à reconnaître ce droit au prodigue seul ; l'ayant reconnu à l'interdit, il devait nécessairement le concéder à l'autre. Cependant, le texte de la loi est là, qui peut dire que dans l'intention du législateur il n'avait pas pour but d'éviter ces demandes perpétuelles de la part du prodigue ? Y a-t-il quelque danger à requérir cette assistance, quelque péril à redouter de l'obstination du conseil à ne pas rendre la liberté au prodigue ? Si pour l'interdit il y a lieu d'y penser, tel ne sera guère le cas du conseil judiciaire, qui, remplissant d'une manière fort peu intéressée des fonctions très-onéreuses, ne cherchera plus tôt qu'à s'en débarrasser. Toutefois, la jurisprudence a formellement reconnu ce droit à l'interdit et ne saurait dès lors le dénier à celui qui est pourvu d'un conseil judiciaire; cependant, l'obligation imposée à l'interdit d'appeler

(1) Demolombe, VIII, 772.

son tuteur en cause (1) impliquerait celle d'y appeler le conseil ; mais la Cour de Cassation n'a pas admis cette jurisprudence (2) pour le tuteur de l'interdit. Le droit des parents à réclamer la mainlevée a été reconnu par un arrêt (3), qui admet ce droit pour la femme dont le mari est pourvu d'un conseil judiciaire, et la dispense de l'autorisation maritale.

Un jugement du tribunal de Nancy (4), que nous avons déjà étudié, a décidé que le mariage d'une femme pourvue d'un conseil judiciaire entraînait la cessation de ses incapacités ; nous n'avons pas hésité à repousser cette doctrine.

Quel est le tribunal devant lequel doit être portée la demande en mainlevée ? Pour les mineurs, le tribunal compétent est toujours celui du domicile du mineur au moment où s'est ouverte la tutelle. Pour l'interdit, de même, le jugement lui assigne le domicile de son tuteur. Mais la personne soumise à un conseil judiciaire a le droit de transférer son domicile où bon lui semble, aucun ne lui est assigné ; il faut donc reconnaître avec la loi que le tribunal compétent est celui de son domicile actuel (5).

L'opinion qui veut que le décès du conseil fasse cesser l'incapacité du prodigue, admise par quelques auteurs dans l'ancienne jurisprudence, ne saurait se soutenir dans l'état actuel de nos lois. Une seule question s'élève à ce sujet, celle de savoir si

(1) Riom, 2 décembre 1830, Dall.
(2) Cass , 12 février 1810.
(3) Rennes, 16 août 1838.
(4) Nancy, 3 décembre 1838.
(5) Cass., 14 décembre 1840.

le prodigue est admissible à demander la nomination d'un nouveau conseil. Ce droit est reconnu à
tous ceux qui peuvent provoquer la nomination en
premier lieu. Nous avons refusé celui-ci au prodigue ; mais la situation est bien changée ; ce n'est
pas l'incapacité que le prodigue demandera dans ce
cas, c'est plutôt le rétablissement de sa capacité.
En l'absence de conseil, il se trouve dans une situation très-désavantageuse, ne pouvant faire certains
actes, si son conseil de famille ne prend soin de sa
position ; il faut donc, avec M. Demolombe, lui reconnaître ce droit (1).

Parvenus au terme de notre étude, il est bon, je
crois, de revenir sur le sujet traité au début, et de
nous demander, avec M. Batbie, si notre législation
ne devrait pas être modifiée au sujet du prodigue.

Il ne s'agit, évidemment, que de modifications de
détail et non de changements absolus comme ceux
que désirait cet auteur.

On a pu remarquer, au cours de ce travail, des
lacunes malheureuses, par exemple en ce qui concerne l'acceptation des successions, et il serait dé-
sirable qu'une décision législative vînt fixer la jurisprudence hésitante dans des questions aussi im-
portantes.

La loi de 1872 nous semble aussi apporter un
changement complet dans l'esprit de la législation,

(1) Demolombe, VIII, 777.

et cette mesure isolée tranche avec l'ensemble des autres dispositions.

Elle porte l'empreinte d'une tendance regrettable des auteurs et de la jurisprudence actuelle qui n'aboutirait à rien moins qu'à rétablir la curatelle du prodigue, à aggraver sa situation et à créer mille difficultés aux tiers qui traitent avec lui.

Nous ne voudrions voir le ministère public demander la nomination d'un conseil que dans le cas où il suppléerait à quelqu'intéressé qui serait dans l'impossibilité d'agir lui-même. Et, réellement, nous trouvons exorbitant le droit, qui lui a été reconnu par un arrêt (1), d'intenter contre un étranger dépourvu de parents une action en nomination de conseil. Voilà une question de statut personnel (2) ; l'étranger prodigue ne saurait être assimilé à l'aliéné qui trouble l'ordre public, et contre lequel il faut agir d'urgence. Au nom de quel droit, de quel intérêt peut agir le ministère public? Prétendra-t-il que c'est dans l'intérêt du prodigue lui-même? C'est se montrer bien attentionné pour une personne qui ne réclame en rien ses soins. Au nom de l'ordre public? Mais en quoi la prodigalité le trouble-t-elle? Et que pensera l'étranger de nos lois, s'il est soumis à la loi anglaise, qui renferme seulement cette sage maxime : « USE DE TON BIEN SANS NUIRE AUX AUTRES. »

(1) Rouen, 5 décembre 1853, Dall.
(2) Cass , 6 juillet 1868. Dall.

POSITIONS

DROIT ROMAIN

I. — A l'époque classique, le possesseur de bonne foi faisait les fruits siens; il n'était pas tenu de rendre ceux qui n'étaient pas consommés.

II. — L'objet abandonné par son propriétaire est *res nullius*, susceptible d'acquisition par occupation.

III. — Le pupille qui a contracté sans autorisation de son tuteur est tenu d'une obligation naturelle.

DROIT COUTUMIER

I. — Le libre choix de la loi n'existait pas à l'époque de la personnalité des lois.

II. — Les Établissements de saint Louis sont un Coutumier et non une Coutume. Ils sont postérieurs à la mort de ce roi.

III. — En matière de transfert de propriété à titre onéreux, la possession d'an et jour pouvait remplacer la tradition matérielle.

CODE CIVIL

I. — La perte de la qualité de Français n'est pas encourue par l'individu qui, sans prendre aucun engagement, a prêté un concours momentané à l'un des partis qui se disputaient le pouvoir en pays étranger.

II. — La recherche de la maternité naturelle permise à l'enfant ne doit pas être autorisée contre lui.

III. — Le propriétaire d'un fonds inférieur peut prescrire l'usage des eaux d'une source existant sur le fonds supérieur, quand les ouvrages faits par lui n'existent pas ou ne se prolongent pas sur ce fonds supérieur.

IV. — Les donations déguisées sous la forme d'un contrat à titre onéreux sont valables lorsque les parties ont, l'une la capacité de donner, l'autre celle de recevoir, et que les formes propres au contrat qui a servi de déguisement ont été observées.

V. — Quand un assuré sur la vie a stipulé de la Compagnie que le capital serait payable à ses héritiers, cette valeur n'en doit pas moins faire partie de son patrimoine.

DROIT ADMINISTRATIF

I. — Lorsqu'un acte a par sa nature le caractère administratif, la circonstance qu'il serait entaché de certaines irrégularités ou même d'excès de pouvoir ne suffit pas pour le lui faire perdre.

II. — L'autorité municipale ne peut prescrire des mesures relatives à la régularité et l'ornementation des constructions élevées en façade sur la voie publique.

III. — La déclaration de vicinalité d'un chemin ne suffit pas pour que le Conseil de préfecture puisse réprimer une anticipation qui y aurait été commise ; il faut que la largeur du chemin ait été fixée par arrêté préfectoral.

PROCÉDURE

I. — La compétence du juge de paix peut être prorogée par les parties au-delà du taux sur lequel ce juge a le droit de statuer en premier ressort.

II. — Le juge de paix doit connaître des dommages permanents faits aux champs comme des dommages momentanés.

III. — Les juges peuvent ordonner d'office la preuve des faits concluants, alors même qu'une partie admise à prouver ces faits a encouru la déchéance du droit de faire enquête.

DROIT CRIMINEL

I. — Le recel d'objets volés n'étant punissable que s'il a été commis sciemment, cette circonstance relevée dans l'arrêt d'accusation doit, à peine de nullité, figurer dans les questions posées au jury.

II. — Il y a tentative caractérisée et punissable bien que le but soit impossible à réaliser, du moment qu'il ne s'agit que d'une impossibilité relative.

III. — Le juge correctionnel peut déterminer le caractère légal du fait dont la connaissance lui est déférée au moyen d'une qualification différente de celle qui est indiquée dans la citation.

CODE DE COMMERCE

I. — Lorsque la qualification de commerçant a été prise par une personne ou lui a été donnée sans réclamation de sa part, non dans un billet ou une obligation, mais dans un acte de procédure, cette personne est non recevable à exciper de sa qualité de non commerçant.

II. — Lorsque la constitution de dot d'une femme ne porte que sur ses biens présents, elle s'oblige seule à raison de son négoce; mais lorsque la constitution de dot porte sur les biens à venir, le mari est obligé à concurrence des bénéfices qu'il a tirés du commerce de sa femme.

III. — Le juge n'est pas obligé d'ordonner la représentation des livres d'une partie, alors même que cette mesure est réclamée par l'autre partie, qui offre d'y ajouter foi. Le pouvoir du tribunal est discrétionnaire.

DROIT DES GENS

I. — Le droit d'intervention fait partie du droit de police préventive que les États ont entre eux; il est légitime notamment lorsque la sécurité ou les droits fondamentaux d'un État sont menacés par un ou plusieurs autres.

II. — La franchise de l'hôtel d'un ambassadeur ne doit pas être considérée comme un droit d'asile.

ÉCONOMIE POLITIQUE

L'esclave est réprouvé non-seulement par la morale, mais par l'économie politique.

Cette thèse sera soutenue en séance publique, le 3 juillet 1879, dans une des salles de la Faculté de Droit de Toulouse.

Vu par le président de la thèse,

A. DELOUME.

VU PAR LE DOYEN :

P. le Doyen empêché,

Le Professeur le remplaçant,

V MOLINIER.

Vu et permis d'imprimer :

Le Recteur,

CHAPPUIS.

TABLE DES MATIÈRES

DROIT FRANÇAIS

Toulouse, Imp. Paul PRIVAT, rue Tripière, 9. — 585

www.ingramcontent.com/pod-product-compliance
Lightning Source LLC
Chambersburg PA
CBHW072353200326
41519CB00015B/3752